出口汪の「最強！」の論理的に考える技術

出口汪
Hiroshi Deguchi

水王舎

はじめに

▽論理は人間への求愛

論理というと、「あの人は理屈っぽい」といったようなマイナスのイメージがあるかもしれません。あるいはコンピュータのような何か非人間的な、機械的なイメージがあるのかもしれません。

実はそういったイメージは数式や記号、コンピュータ言語における論理であって、それらは人間を排除することで成り立つ論理的な世界のことなのです。

本書で提案する論理は、あくまで対人間的なものです。お互いに別個の人間だから、そう簡単には分かり合えないという他者意識を前提に、それでもお互いに分かり合いたいという希求から生まれたものなのです。

だから、論理は人間への求愛だと言えるのです。

▽論理はすべての土台

論理力がない人は、論理的に考えることも、読むことも、話すことも、書くこともできません。逆に言うと、あなたが論理力を獲得すれば、論理的に考え、論理的に読み、論理的に話し、論理的に書くことができるようになります。そうした自分をぜひイメージしてほしいのです。

自分の気持ちを正確に伝えることができるから、恋人も友だちも自然とできるだろうし、コミュニケーションもスムーズにいき、多くの本を正確に読み取り、深くものごとを考えることができるようになります。まさに人生そのものが変わるはずなのです。

「最強！の記憶術」「最強！の書く技術」、そして「最強！の話す技術」を獲得しようとするなら、まずは「最強！の論理的に考える技術」を修得することが必須です。

そういった意味では、この最強シリーズを本書から始めるのも一つの方法です。

▽論理とは規則に従った言葉の使い方

では、なぜ論理を思うように獲得できないのでしょうか？

実は、論理とは簡単な規則に従った言葉の使い方です。その規則は普遍的であり、世界中で通用するものです

それなのに、その規則すら理解せずにものを考えようとするから、結局ぼんやりしてしまったり、独りよがりの思いつきになったりしてしまうのです。

だから、本書によって論理の規則を理解し、それを使いこなす練習を一定期間することが大切なのです。

さあ、あなたも論理の面白さ、すごさをハルカと一緒に体験しませんか。

▽「最強シリーズ」について

本書は「最強！の記憶術」「最強！の書く技術」「最強！の話す技術」に続く、ＯＬハルカが登場する最強シリーズの第四弾です。

ハルカを登場させたのは、一つには私自身が人に教えることが天職だからです。

だから、何をやってもうまくいかない若いＯＬハルカに、「論理的に考える技術」

を教えたくなったのが、その理由です。

しかし、それ以上に大切な理由は、普段あまり本を読まない人にも、本書を手にとってほしいからです。そのために、様々な工夫を随所に凝らしました。

もとより読者にとっては無駄と思われる記述があるかもしれませんが、決して内容が浅いわけではないので、ゆったりとした気持ちで楽しんでいただけたらと思います。

出口 汪

出口汪の「最強！」の論理的に考える技術

目次

第2章 論理とは「規則に従った言葉の使い方」

第3章 世界一簡単な「論理の法則」

第4章 ワンランクアップの「メタロジック」

第5章 論理力を獲得するための「実践的方法」

ハルカの  自己紹介

初めまして。私の名前はハルカです。アパレル系専門商社に勤務している、26才のOLです。

そろそろ結婚適齢期。しかも、26才といったら、会社でも徐々に大切な仕事を任せられる年齢です。それなのに仕事は失敗ばかり、結婚どころか、恋人もなかなかできない、そんな絶望的な状況に優しい手を差し伸べてくださったのは、恩師である出口汪先生でした。

「最強！の記憶術」「最強！の書く技術」「最強！の話す技術」と、先生の個人教授のおかげで徐々に成果が上がってきたのです。

でも、まだ何かが足りないって思う私は、欲張りすぎでしょうか。才色兼備のハルカとなるためには、まわりの人を圧倒するような、ワンランクアップの何かがほしいのです。でも、その何かがなんなのかが分かりません。

それと今まで本当に大切なことを教えてもらったはずだけど、それがだんだんぼんやりしてきて、うまく整理できていません。先生、この辺りでもう一度大切なことを整理して、ハルカに教えてください。

先生、お願いです。こんな私ですけど、もう一度「論理的に考える技術」を私に教えてください。さらにワンランクアップの技術を身につけ、才色兼備のハルカに磨きをかけたいのです。

第1章

論理はあらゆるものの「土台」

ねえ猫
わしゃわしゃ
してもいい!?
なぜならば
わしゃわしゃ
したいから!
うぅん
どうぞ…

論理力は万能！

ワンランクアップして、才色兼備の女性になろうと、再び出口先生のもとに訪れたハルカちゃん。そこで教えられたのが、すべての土台となる論理力をさらに磨き上げたなら、「記憶術」「書く技術」「話す技術」だけでなく、「読解術」「思考術」「コミュニケーション術」など、あらゆるものが一度にアップするということでした。

そのために必要なのは、自分で論理的に考えるということです。今までは学校で習ったことを疑うことなく、そのまま詰め込んでいたので、実は自分で考えることをしていなかったと気づいたハルカちゃんは、これから本格的に論理力を鍛える必要を感じたのです。

第1章では、自分で考えるとはどういうことか、演繹法と帰納法、習熟すること、アウトプットの大切さなどから出発します。

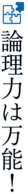

先生、大変！

おや、どうしたの？

私、何かが足りないんです。

えっ！「何か」って？

だから、それを先生に聞いているんじゃないですか。

う〜ん、何か落とし物でもしたの？

あっ、いけない！　話題を提示するのをすっかり忘れていました。他者意識ですね。

そうだよ。ハルカちゃんの頭の中ではすでに何の話か分かっているけど、僕にはハルカちゃんの頭の中は分からないから。

確かにそうでした。きちんと丁寧に説明します。

では、お願いします。

はい。ゴホン！　では、あらためて。
先生、聞いてください！「記憶術」「書く技術」「話す技術」と、今まで先生に教えてもらってきて、おかげで業績も上がったし、彼氏候補とも何とか前よりはコミュニケーションが取れるようになってきました。

それはよかったね。

でも、私はもっともっと自分を磨いて、才色兼備のハルカになりたいのです。会社の中でも輝ける星になりたいのです！　でも、それには何か足りないのです。

ようやく分かった。「何か」って、ハルカちゃんの能力の話だったんだね。それなら答えはもう決まっているよ。

えっ？　それ、何ですか？　早く教えてください。

では、ズバリ言うよ。論理力だ。「論理的に考える技術」のことだよ。

でも、「記憶術」「書く技術」「話す技術」の時でも、すでに論理のことは先生から教わりました。まだ未熟かも知れないけど、とりあえず論理的に話したり、論理的に書いたりしています。

逆に、そこが問題なのかも。すべての土台となる論理力の理解が中途半端だから、論理的に話したり書いたり、記憶したりする力も思うように伸びない。

あっ、そうか！　だったら、論理力を鍛えることが一番の近道ですね。論理力さえ身につけば話す力、書く力、そして記憶力が同時にワンランクアップでき

るもの。

その通りだね。それだけではないよ、論理的に読んだり、論理的に考えたりすることもできるようになる。コミュニケーション力もアップする。

あっ！　それ、すごいです。論理力って、本当に万能ですね。先生、もっと「論理的に考える力」を鍛えてください。

よし！　では、これからあらゆる力の土台となる論理の講義をしようか。もちろん、一から教えるから、今まで学習したことの復習にもなる。

それ、最高！　今度は「論理」にしぼって、私にも分かるように、一から徹底的に指導してくださいね。

では、今回は「論理」について、特別講義を行うことにするよ。今までの復習もかねて、一から丁寧に説明していくから、安心してほしい。

「論理とは何か」「論理がなぜ必要か」「論理という世界一簡単な法則」「論理がいかに威力を発揮するか」「どうすれば論理力を身につけることができるのか」、そして、今回は特別にさらに高度な「メタ意識」の話までしようか。

先生、よく分からないけど、何だかすごそうです。

うん、きっとこの講義を聴いたら、世界が今までと違って見えると思うよ。ハルカちゃんの人生を変えるつもりで、僕も初めから丁寧に説明していくことにしよう。

はい！　先生、どうかよろしくお願いします。私の結婚がかかっているのです。私、会社のお局様にはなりたくありません。ですから、どうか徹底的に鍛えてください。覚悟はできています。

相変わらず気合いだけはすごいね。では、始めようか。

学校で覚えた知識は役に立っているか？

ハルカちゃん、中学受験した？

はい。進学塾に通って、それなりに頑張りました。あの頃が一番成績、良かったかもしれません。冬休みには「合格」のはちまきで、受験前の特訓合宿。たくさんの知識を詰め込まされました。それに私算数が苦手だったから、塾の先生から解法パターンを教わって、ひたすら速く正確に計算する訓練ばかり。

その時の知識や計算力、今役に立っているかな？

わあ〜、先生、痛いところを突きますね。頑張ったおかげで、何とか志望校には合格したけど、中学・高校と覚えなければならない知識がどんどん増えていって、頭の中がぱんぱんで、破裂しそうでした。

そうだね。学年が上がるにつれ、習得すべき知識がどんどん増えていくから、中学受験の時のやり方では通用しなくなるね。

はい。それにせっかく覚えた知識はどんどん忘れていくし、頭の中はごちゃごちゃで――いつの間にか、勉強なんて大嫌い。その結果、今の私になりました。

で、子どもの頃から必死で覚えた知識や、計算力どうかな？

う～ん、確かに先生が言うように、あの頃の知識や計算力は今の私にはまったく役に立っていないかも。特に算数の解法パターンなんて、アパレルの仕事には少なくともまったく必要ありません。先生、いったい何のためにあんな無駄な勉強をさせられたのですか？

う～ん、算数・数学の勉強が無駄というわけではなく、おそらく勉強の仕方が間違っていたのじゃないかな。

そんなこと、もうどうでもいいです！　私の貴重な青春を返してって、叫びたいくらいです。こんなことなら、勉強なんかするよりも、一杯素敵な恋をして、早く結婚していれば、お局になる恐怖に悩まされずにすんだかも。

まあ、お局は置いておくとして——今、ハルカちゃんはとっても大切な指摘をしたのだよ。

えっ？

うん、「論理的に考える」とはどういうことか、そのヒントが散りばめられていたんだ。それでは、まず「記憶術」の復習といこうか。

はい、お願いします。

新しい時代では覚えないことが大切

記憶にとって一番大切なことって何だか覚えている。

はい。先生は、忘れないことが大切だって。では、忘れないためにはどうすればいいのかというと、先生は覚えないことだって。なんてむちゃくちゃなことを言う人かって、あの時正直そう思いました。

ははは、そうだったね。でも、それは真実を言っているんだよ。だって、今の時代、細かい知識は別に記憶しなくても、スマホなんかで検索すればしまいだもの。

本当にそうですね。だから、今ではスマホは手放せません。

うん。**昔と今では社会で必要とされる学力がすっかり変わってしまった**んだ。それに気がつかずに、昔ながらの勉強にしがみついている人は、当然時代に取り残されていくこと

になる。

先生、それって、悲劇です。だって、頑張って勉強しても何の役にも立たないんだもの。

その通りだよ。ハルカちゃんが子どもの頃から頑張っていた計算も、日常生活ではおつりの計算さえできれば十分で、それ以外の計算は全部コンピュータの仕事になったんだ。漢字の読み書きだって、ワープロが自動変換してくれる。

あ～あ、やっぱり私の青春、返してです。何のためにあんなに必死で詰め込んだのだろう。

記憶の話に戻ろうか。僕はすべてを記憶しなくてもかまわないとまでは言っていないよ。逆に本当に大切な知識は何度も反復して、修得しなければならない。

習熟ですね。

うん。身体化と言ってもいい。箸を持つ時に、箸の持ち方を意識しないし、自転車に乗る時にもそのこぎ方を意識しない。僕たちは無意識に箸を使っているし、自然と自転車をこいでいる。

それ以外の細かい知識や情報は記憶する必要がないんですね。

その通り。大切なことは**知識や情報を詰め込むことではなく、それらをいかに保存し、活用しやすくすることができるか**なんだ。

確かに使う必要がほとんどないものは、何も記憶する必要はないものね。調べればおしまいだもの。

そうだね。誰もが多くの情報を詰め込もうと苦労しているけど、僕なんかは逆にいかに不必要なものを記憶しないかに心を配っているんだ。必要なものは調べればいい。僕は多くの知識を詰め込んでいないが、それでも多くの本を書いている。

知識・情報の断捨離ですね。

おっ、うまいこと言うな。たとえば、机の上に置いてある資料から必要な資料を取り出すとしよう。その資料がどんな状態だと、確実に、しかも素早く取り出すことができると思う？

はい。膨大な資料から必要なものを取り出すよりも、限られたものから取り出す方が楽だし、早いです。

うん。それともう一つは？

え～と、よく分かりません。

机の上の資料が乱雑に散らばっているのと、ファイルかなんかで整理されているのかで、随分異なってくる。

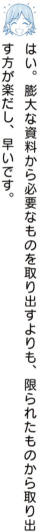

あっ、そうか！

無駄な資料を廃棄し、必要な資料だけ保存しておくことが、「記憶する」には必要なんだ。正確に言うと、必要なものと不必要なものとを絶えず選別すること。資料を整理した状態で保存しておくことは、知識・情報を論理的に理解し、整理することなんだよ。

だから、論理力が必要なのですね。

大切なのは知識・情報を保存することではなく、それらをアウトプットすること。僕の場合は、おそらくインプットする情報以上に、講演をし、本を執筆している。それは絶えず必要な情報を論理で理解・整理し、いつでも取り出せるようにしているからなんだ。

なるほど。いつもどうしたら先生のように、たくさん本が書けるのかなって、不思議に思っていました。でも、やっぱりコツがあったのですね。

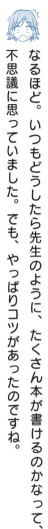

それに「最強！の記憶術」でも説明したように、人間は忘れる動物だから、多くの知識・情報を詰め込んだところで、その記憶を維持することが大変だ。第一、整理されないまま脳に保管された知識・情報ほど、忘れやすいものはない。

やはり論理力があるかないかで、記憶量も違ってくるのですね。

コンピュータに仕事をとってかわられる時代

ハルカちゃん、この先、五年後、十年後には今の職業のかなりのものがなくなってしまうって言われているんだよ。

えっ！　本当ですか。私の会社、大丈夫かしら。

そうだね。ネットでの販売がさらに普及するけど、洋服自体が要らなくなるわけではないからね。

ああ、よかった。で、どんな仕事がなくなるのですか？

簡単に言うと、コンピュータやロボット（人工知脳）が肩代わりできる仕事は、どんどんなくなっていく。たとえば、地位や報酬が高い代表的な仕事って、医者と弁護士だけど、その弁護士の仕事だって、これからは安泰とは言えなくなる。

ええ！　実は私、弁護士のお嫁さんを狙っていたのに。

あくまで仮定の話だけど、将来ロボット弁護士が登場したら、どうなるかな。

囲碁や将棋の世界でも、名人がロボットに負けたって話、聞いたことがあります。

うん。ロボットなら、法律や過去の判例をすべて記憶している。どんなに記憶力の優れた弁護士でも、絶対にロボットに勝てない。ロボットは冷静で、感情に左右されることはない。そんなロボットに人間が勝てるかな？

う～ん、確かに。私でもたぶん人間よりもロボットの方に弁護を依頼すると思います。

つまり、ロボット弁護士に勝てる人しか、弁護士では飯を食えなくなるってわけだ。もちろん、これは極端な例だし、実際ロボット弁護士が登場するかどうかは分からないけど、僕たちの仕事のかなりの部分がコンピュータや人工知脳に奪われることになる。たとえば、保険会社の収入のかなりの部分が自動車保険だけど、これだって自動操縦が普及すればどうなるか分からない。

自動操縦が主流となれば、自動車保険にはきっと入らなくなります。これからすごい時代になるんだ！

おそらくそうなるだろうね。ところで、ハルカちゃん、コンピュータや人工知脳が得意なことって、何だと思う？

はい。記憶と計算です。あっ！　子どもの頃から私が必死で頑張ってきたことが、やっぱり無駄になるんだ。

まあ無駄になるとまでは言わないけど、これからは頭を切り換えないと。知識の量よりも質が大事になる。そして必要な情報を収集し、それらの真偽を確かめ、整理し、アウトプットする技術が必要になる。そのためにはまず論理力を鍛えること。

確かにその通りですね。

それとこれからの時代は手書きで書くのではなく、デジタルデータとして書くことになった。

はい。それも先生に教えてもらいました。不特定多数の読み手に向けて書く時代だから、論理的に書く技術が何よりも必要だって。

その通り。これからの時代に論理という武器を持たずに生きていくって、こんな不利な生き方はない。

だから、先生、早く私にその論理とやらを授けてください。

自分の頭で考えることから始めよう

先生、一つ聞いてもいいですか？　先生って、誰かに論理を教わったのですか？前からずっと気になって仕方がないのです。以前、先生は感覚人間だって聞いたことがあったのですが、そんな先生でも論理力を身につけることができたのだから、その方法を真似すれば、私も人生を変えることができるような気がします。

そうかもしれないね。確かに僕は子どもの頃から感覚人間だったし、誰かに論理を教わったわけでも、大学で研究したわけでもない。僕は小説家志望だったし、大学でも専門は近代日本文学。漱石や鷗外を研究していたよ。

えっ！　意外です。先生、全部自分で考えたのですか？

そうだね。もちろん色々な文章を読む過程で様々なヒントはもらったけど、先生に師事したり、特定の書物から学んだりしたってことはないな。それどころか、子どもの頃から大学受験まで現代文の勉強すらほとんどしたことがないんだ。

それも意外です！　現代文の受験参考書をさんざん研究したのかと思っていました。

実は、現代文の受験参考書なんて、今まで一冊も読んだことがないんだよ。なまじ知識がないから、自分の頭で一から考えることができたんじゃないかな。

あっ、だから、細かい知識なんて、無理に詰め込む必要なんかないんだ！

うん。僕は受験生時代にあまり勉強してこなかったから、今の自分があると信じている。今だって、あまり記憶しようと思ったことはないよ。必要なことは調べればいいだけだから。大切なことは、自分の頭で考えること。

でも、それが一番難しいと思います。

それは「論理」という実践的な方法を知らないからだよ。僕は人と比べてそれほど多くの知識や情報を持っているわけではないけど、平均月に一冊程度は新しい本を執筆している。頭の中はたいてい空っぽだけど、その少ない知識を絶えず整理し、いつでも取り出せるように準備している。だから、数多くの講演をこなせるし、どんどん本のアイデアが溢れ出してくるんだ。

ふ～ん、先生の頭の中、空っぽなんですか。

確かに頭の中は空っぽだけど、人からそう指摘されると、まるで「お前はバカだ」と言われているみたいで、何だか複雑だな。

でも、勇気が出ます。頭が空っぽでも、先生みたいに成功できるんだって。

う〜ん、ちょっと違う気がするな。僕が言いたいのは、自分で考えることの大切さ。学校での教育は自分の頭で考えさせないところがある、僕は、あまりまじめに学校での勉強をしてこなかったから、かえって自分の頭で考える習慣が身についたのだと自分では思っているよ。

先生、自分の頭で考えさせない教育って、具体的にどういうことですか？

そうだね。たとえば、歴史を例に挙げようか。ハルカちゃんは、歴史の教科書に書かれていることは正しいと信じて、疑うこともないよね。

もちろんです。教科書に書いてあることを覚えて、試験ではそれを答えれば○がもらえます。

それって、思考停止状態だ。

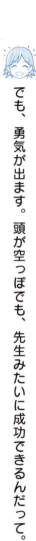

えっ？　だって勉強するって、教科書を理解することでしょ？　それを思考停止状態だなんて。

過去の出来事って、誰も見たことがないから、何が真実かなんて誰にも分からないよ。同時代の人だって、その時代をすべて俯瞰して理解しているわけではない。

それはそうだけど、史料に基づいて、学者が検証を重ねて、初めて歴史的事実として教科書に掲載されているのだと思います。

では、史料って何なのかな？　たいていの史料は勝利者が自分の権力を正当化するために書かれたものなんだよ。げんに少し前の軍国主義時代でも、あの戦争を否定することを言えば非国民だったし、もちろんそのような文章は書けないし、見つかりしだい消滅させられた。

今史料として残っているのは、時の権力者にとって都合がいい文章だったからかもしれない。

確かにそう言われてみれば——。

もちろん、すべての史料が信用できないと言っているわけではなく、歴史的真実なんて一つもないということなんだ。あるのは、一つの可能性に過ぎない。僕たちはあらゆる角度から歴史的事実を推測してみるしかない。

情報を鵜呑みにしないためにも「論理」は必要

今まで歴史って、暗記科目と思っていたけど、実はそれとは真逆で、考える科目だったのですね。

そうだよ。それなのに、教科書に書いてあることを疑うこともなく、すべてを丸呑みにする。先生が答を教えてくれると信じている。それを答えたら正解だと思い込んでいる。そんな姿勢ではとても論理的思考力が育つわけがない。そういった意味では、歴史の教科書は洗脳の書だ。

先生、ちょっと待ってください！　だんだん発言が過激になっています！

あっ、そうだったね。ゴホン――。つい熱が入ってしまった。ところで、今や情報化の時代。僕たちはテレビや新聞の情報を鵜呑みにしがちだけど、実はどんな情報でも発信者が存在する。時にはその発信者が政府などの権力者であったり、発信者にはスポンサーがついていたり、政治思想や宗教団体など組織であったりする。

もちろんスポンサーの不利になる情報を流すことはできません。

だから、情報を鵜呑みにするのではなく、その発信者が誰なのか、その背後に何があるかなどを考慮し、絶えずその真偽を確かめなければいけない。そのために何より必要なのは論理力なんだ。

現代って、生きるのが大変です！　何も考えずに、与えられた情報をそのまま

信じていたら、結局ダマされてしまったり、本当のことを何も知らなかったり。

うん、ビジネスにおいても、**情報社会では膨大な情報の中からいち早く正しい情報を入手し、それを活用した人間が勝利者になる。**

あ〜あ、コンピュータや人工知脳にも仕事を奪われるし、私、何も考えなくても生きていけた時代に生まれたかったです。

ははは、ハルカちゃんは現代に生まれ落ちたのだから、この現代でより良く生きていくしかないし、実は自分の頭で考えることほど楽しいことはない。

はい。先生、だから、私にも考える力を授けてください。私が今まで才色兼備を極めることができなかったのは、きっと自分の頭で考えていなかったからです。

そこに気がつくだけでも大きな前進だよ。

私が受験現代文を論理だと発見した理由

この辺で、僕がどうやって論理的に考えることができるようになったのか、実際の体験話をしようか。きっとハルカちゃんにも役に立つと思うよ。

はい。昔先生の頭の中が空っぽだったということは伺いました。それがどうして講演をしたり、本を書いたりできるようになったのか、その秘密を知りたいです。

う～ん、頭の中が空っぽは言いすぎだけど。確かに子どもの頃は考えることは好きだったが、それは絶えず何かを思いつくというか、そうだな、妄想に近いものだったんだ。論理という武器を持たなかったから、頭に浮かぶものはすべてバラバラで、しかも、整理されることがないから、次々と浮かんでは消えていく。

う～ん、社会に適応できない若い頃の先生の姿が目に浮かんできました。とこ

ろで、先生、その頃はどんな職業に就こうとしていたのですか？

もちろん、小説家。

ぷっ！　やっぱり。

今思えば、ひとりよがりで、誰にも分かってもらえなかったのも当然だ。「最強！の話す技術」でも説明したけど、教育実習で初めて教壇に立った時もしどろもどろで、今でも思い出すたびに赤面してしまうよ。

自信満々に見える先生にもそんな時期があったなんて、私も何だか勇気が出てきました。

そうだね。そんな僕がなぜ変わったのかは、僕自身では明確なんだ。大学院で文学を研究していたんだが、学費・生活費稼ぎで、予備校講師のアルバイトを先輩から紹介してもらった。それが僕の人生を変えたんだ。

僕は文学部だったから、当然国語の講義を受け持たされたのだが、これまで国語の勉強なんかしたことがなかったし、文学を研究することと、入試問題を解くこととは何の関係もない。

いきなり入試問題を集めただけのテキストを渡され、これで講義をしてくれと言われたけど、どうしていいのかさえ分からずに、呆然としていたよ。

マニュアルって、なかったのですか？

うん。高校の教師ならば教科書の指導書みたいな分厚いものがあって、それを読めば何とか授業は成り立つ。でも、予備校にはそんなものは一切なかった。しかも、マイクで90分しゃべり続けなければいけない。いざ教壇に立っても何を話していいのか分からず、脂汗をかきながら、問題文を読んで、ただ思いつくことを喋りまくっていた。

でも、すごく後味が悪かったんだ。こんな講義を受けたところで、生徒ははたして力がつくのだろうかって。

へ～、先生も意外と良心的だったんだ。

「意外」は余分だよ。ある時、講師室に質問に来た生徒をつかまえて、僕の授業の感想を聞いてみた。辛辣な批判を覚悟したのだけど、その生徒は「先生、けっこう人気があるよ」と教えてくれた。よく聞いてみると、他の国語の講師も僕と似たり寄ったりで、一貫した教え方をしている講師は一人もいなかったんだ。

国語には論理的解法がある

それから考えた。目の前の問題文を僕がいくら完璧に教えたところで、いったい何になるだろうって。

えっ、どうしてですか？

だって、本番の試験で同じ問題文が出題される可能性って、ほとんどゼロに近いだろう。

あっ、確かにそうです。だから、現代文の勉強なんて意味があるのかななんて、正直ずっと思っていました。

そうだろうね。国語の講師は受験時代に現代文の問題集なんかをたくさん解いて、自分の感覚で高得点を取ってきた人たちだ。もともと文章を読むのが好きな人が国語の先生になるわけだから。

だから、生徒も問題をたくさん解けば何とかなると思っているのだわ、それでも成績が上がらない人は、国語のセンスがないと決めつける。私の先生もそんな感じでした。

ところが僕は国語の勉強なんてしたことがなかったから、いざ生徒を教えるに当たって、嫌でも自分の頭で考えざるを得なかったんだ。入試問題では同じ文章、同じ設問が出題されることはないのだから、どんな文章でも読めて、どんな設問でも解ける方法が必要だ。では、どんな設問でも解ける一貫した方法はないのか、そうやって試行錯誤を繰り返しながら、やがて論理的読解、論理的解法を発見した。

他の先生はなまじ勉強していたから、自分が教え込まれた方法を疑いもしないで、生徒に教えていたんだわ。あるいは、もともと国語が得意だったから、文章をどう読んでいいのか分からない、私のような生徒の気持ちが分からない。

そうかもしれないね。現代文の半分くらいが評論問題なので、まずこれを解くためにはどうしたらいいのかを考えた。評論は著者が自分の主張を論理的に説明した文章だから、筆者の立てた筋道、つまり、論理を追っていくしかない。

では、なぜそれができないのか？　人間は主観的な動物で、それゆえ、作者の立てた筋道を無視して、自分の主観で再解釈して読んでしまう。そして、行き当たりばったりで設問を解くから、どれだけ問題練習を積み重ねたところで、やはり正しかったり間違ったりの繰り返し。それをセンス・感覚のせいにして、膨大な勉強時間を無駄にしている。

たとえば、空所問題はどんな力を試しているのか、そのためにはどのような論理的解法が必要なのか、抜き出し問題はどうなのかと、一つ一つ丁寧に考えていった。

今まで数え切れないほどの国語の先生がいたと思うけど、誰もそんなことを考えてこなかったんですね。逆に、その方がびっくりです。

それくらい人間は獲得した知識を疑うことなく、自分の頭でそれを検証したり、考えたりすることがないんだろうな。コペルニクスが地動説を唱えるまでは、膨大な知識を持っている学者たちは天動説を疑うことがなかった。

自分の頭で考えるためには、まず常識を疑えってこと！

おっ、ハルカちゃん。たまにはいいことを言うね。

「イコールの関係」でものごとを考えてみよう

僕が取った方法は「イコールの関係」という論理的方法だった。最初は自覚していなかったのだけど、途中からは意識的に方法として取り入れた。具体的に言うと、演繹《えんえき》法と帰《き》納《のう》法。

演繹と帰納？　先生、突然難しい言葉を使わないでください。

ごめん、ごめん。言葉だけは難しく感じるかも知れないが、実は簡単な方法なんだよ。**演繹法とは抽象から具体を導き出す方法、帰納法はそれと逆で具体から抽象を導き出す方法**。ハルカちゃん、抽象って、分かるよね。

はい。先生から教えてもらいました。個々具体的なものから共通するものを抜き取ることです。太郎君、次郎君、三郎君が具体ならば、彼らの共通点である「男」が抽象です。

よくできました。現代文の入試問題はどれ一つとして同じものはないから、個々具体的なものだよね。それらの共通点を抜き取り、それを法則化するという作業を始めたんだ。

それが具体から抽象、え〜と、それって帰納法ですね。

その通り。評論問題の共通の読み方、小説問題の共通の読み方、各設問の共通の解き方、選択肢の選び方、記述式問題の共通の書き方など、個々の入試問題からそれらを抽出する作業に熱中し始めたんだ。それが僕の人生を変えたと言ってもいい。そうした試みの中でしだいに論理がすべての鍵を握っていることに気がつき始めた。

先生の頭が帰納的に働き始めたんだ。

講義をする時はそれと逆だった。共通の法則を前提に、個々の入試問題を説明することにした。すると、教室の空気が一変し始めたんだ。ピンと張り詰めたものとなり、生徒の目がたちまち輝き始めた。皆が分かる分かるという顔で、うなずき始めたんだよ。受験生は自分の人生がかかっているから、真剣そのもの。だから、この先生の講義が分かりやすいとなると、あっという間に評判になる。

抽象から具体的な問題を説明するのですから、それって、演繹法ですか？

よく分かったね。他の国語の講師が目の前の問題を説明することに一生懸命だった時、僕は帰納法と演繹法という論理的な頭の使い方を絶えずしていったんだ。

演繹法と帰納法を使う

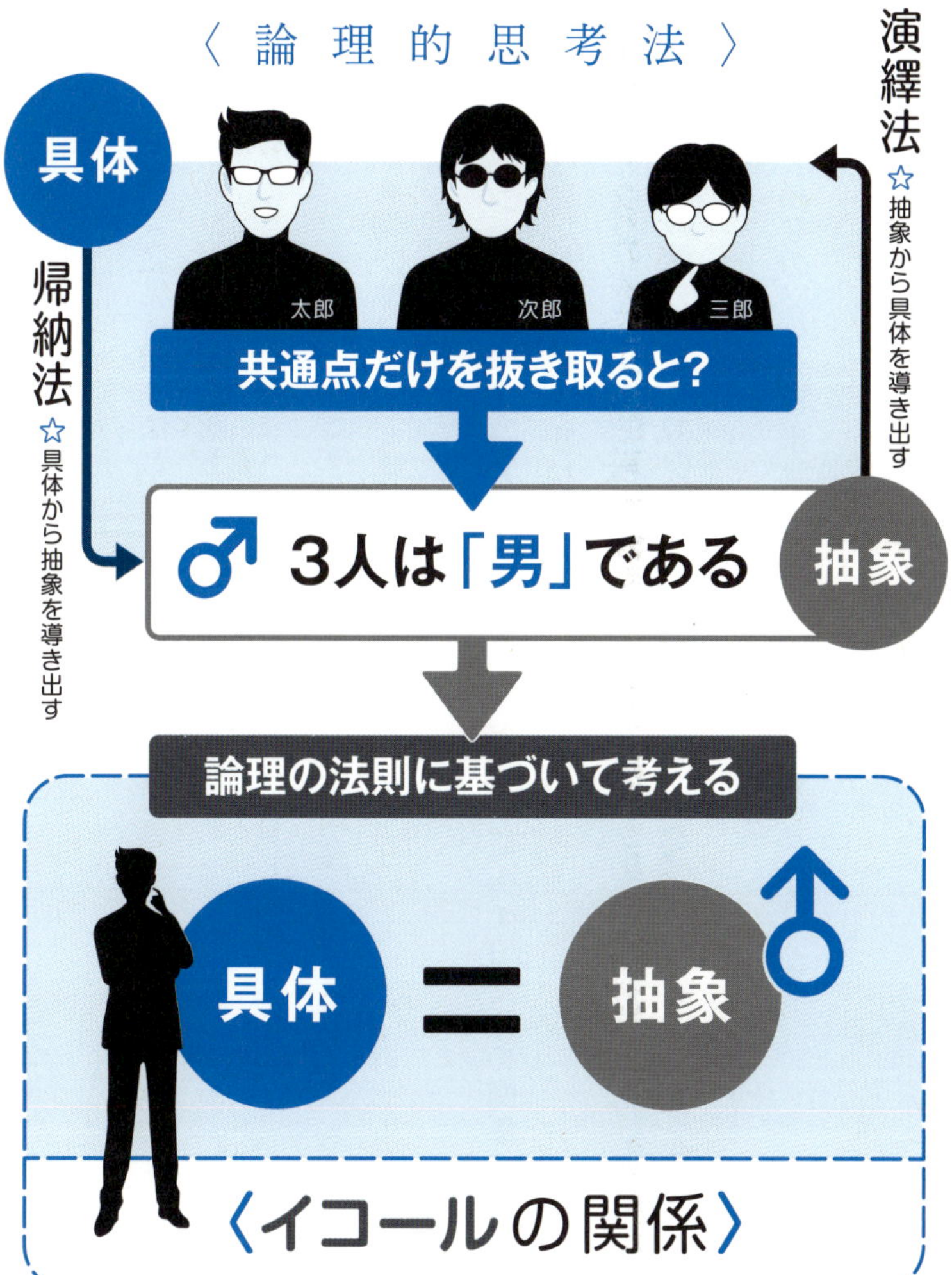

〈論理的思考法〉
演繹法
☆抽象から具体を導き出す
具体
帰納法
☆具体から抽象を導き出す
太郎
次郎
三郎
共通点だけを抜き取ると?
♂ 3人は「男」である
抽象
論理の法則に基づいて考える
具体
抽象
〈イコールの関係〉

論理が先生を変えたのですね。

考えてみると、大発見は帰納法と演繹法という論理的思考がもたらしたものが多いんだよ。たとえば、リンゴが木から落ちるという現象、月の満ち欠け、振り子の運動、急な斜面での運動など、これら個々バラバラな現象の共通点を発見したのが、すべての物と物が引っ張り合うというニュートンの万有引力の法則。これなど具体から抽象へとニュートンが帰納的に頭を働かせた結果、世紀の発見になったんだ。

ニュートンって、大天才だと思っていたけど、単に「イコールの関係」を使ってものを見ただけなんですね。

うん。でも、他の誰も万有引力の法則を発見できなかった。それはなぜだと思う？

先生、そんなの、分かりません。

それは誰もが目の前の具体的現象しか見ていなかったからだ。リンゴが木から落ちる現象と、月の満ち欠けを「イコールの関係」で見ようとは思わなかったからだ。

あっ、そうか！　国語の講師が同じ問題は二度と出題されないのに、それを説明することだけに一生懸命だったことと同じですね。

うん。具体から抽象を導くにはある種のひらめきが必要だ。だから、そのひらめきを持ったニュートンはやはり天才だと言っていい。発明家だけでなく、ビジネスの上でも新しいアイデアを出すことができる人は、この帰納的思考ができる人であることが多い。

世の中のほとんどの問題は演繹法で解決できる

やっぱり私なんかでは無理なんですね。せっかく期待したのに。

ところが、そうでもないよ。世の中のほとんどの問題は演繹法で解決ができる。まずは演繹的思考法を訓練することから始めたらいい。

個々バラバラに物事を捉えるのではなく、共通の法則に基づいて一つ一つのことを解決するのですね。抽象→具体という「イコールの関係」です。

ハルカちゃんもだいぶ分かってきたね。

演繹的思考法にはひらめきも才能も一切要らない。ただ論理的な思考法を頭に置いて、一定の訓練をするだけでいい。たとえば、数学だって公式が抽象、それを使って個々の問題を解くのだし、物理だって公式を使って、個々の現象を説明できればいいだけだ。すべてが抽象→具体という演繹的な頭の使い方に過ぎない。

あっ、そうか！　私も受験時代に先生に教わっておけば良かったです。すべての問題をバラバラに捉えていたから、いくら時間があっても足りませんでした。

勉強はどんな分野でも一を聞いて十を知ることが、その秘訣だ。**最低限のことしか記憶しない、物事の共通点を考える**、そうしたなまけ者こそが成功するんだよ。

あっ、そう言えば、先生、国語がすべての教科の土台だとか、以前言っていましたね。それも同じ発想なんだ。

そうだよ、もっと正確に言えば、国語の問題を論理的に解くことで、強靱な論理力を獲得する。その論理であらゆる教科の問題を学習する。これが学習する上での「一を聞いて十を知る」なんだけど、これはある種の普遍的真理で、大人になってからの勉強でも大いに役に立つ。

「一を聞いて十を知る」って、何だか楽そうで、素敵。今までいかにがむしゃらに、ただひたすら膨大な知識を覚えようとして、右から左へと忘れてしまって、それを自分の頭の悪さのせいにしていた、過去の自分が恥ずかしいです。

ハルカちゃん、さっきあまり覚えなくても大丈夫って言ったけど、本当に大切な知識、あるいは考えるために必要な武器は逆にしっかりと身につけなければいけないよ。ただ自分の頭で考えようとしても、論理を知って文章を読み、それを整理した上で考えるのと、何も知らずに自己流で考えるのとでは、まるっきり違ってくる。

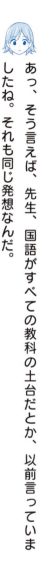

そうですね。論理をしっかりと理解してから、自分の頭で考えることにします。先生、少しずつだけど、考えるということが分かってきた気がします。

アウトプットすることで論理力を身につける

実は、もう一つ、論理力を身につけるために、とても大切なことがあるんだ。それは、アウトプットすることだ。

アウトプット？　取り入れた知識・情報を使ってみることですか？

そうだよ。論理力を身につけることができたのは、現代文の予備校講師という職業のおかげだということは、僕自身が何よりも自覚している。

講義前日に文章を論理的に読み、設問を論理的に解く。次の日には大教室でそれを論理的に説明する、そうした毎日の繰り返しの中で、気がつくと思考術、記憶術、読解術、話術、文章術と、すべてが同時に論理的なものへと激変していったんだ。

人に論理的に説明することがアウトプットなのですね。その時、相手の反応を見て、自分が論理的に説明できたかどうかすぐに判断できるから、とっても効果的だと思います。

毎日毎日論理を駆使することで、自然に論理力がついていった。まさに論理は習熟するかどうかだと、身をもって体験したんだ。

ただ文章を論理で読むだけでなく、そこで獲得した論理を今度は話し方に生かしてみたり、文章の書き方に生かしてみたりすることが重要だ。

それがアウトプット！

うん、それを一定期間意識して持続していくと、誰でも論理力を身につけることができる。

本当に誰でもですか？

もちろん！　その理由は後で詳しく説明するけど、論理力が身につけば思考法から話す技術まですべてが同時に変わる。

スタイルも変わりますか？

う～ん、それは保証できないけど、論理的に間違ったダイエットはしなくなる。まさに人生が変わるんだ。

せ、先生、何だか力強いです。私、今、とってもやる気が出てきました。先生、何でもします。頑張ります。だから、早く次の講義を始めて下さい。

では、次に論理とは何かについて、説明していこうか。

第１章のポイント

- 記憶術、書く技術、話す技術など、すべての土台は論理力にあるから、まずは論理力を磨き上げることが先決である。
- 学校で受けてきた教育は、先生や教科書にある答を疑うことなく受け入れるもので、そのため一種の思考停止状態に陥っている。そこで、自分で論理的に考える訓練が必要となる。
- 世の中のほとんどの問題が演繹法と帰納法という「イコールの関係」で解決できる。こうした論理を使ってものを考えることが成功の鍵となる。
- インプットする以上に、アウトプットが大切である。それには人に対して、論理的に説明することを心がけるべきである。

第2章

論理とは「規則に従った言葉の使い方」

その本
おもしろい？
どんな話
なの？
えっとね
結論から言うと
最後全員
死ぬんだけど…
そこ
いきなり
言う!?

論理とは世界を整理する方法

私たちは言語で世界を整理し、物事を考えます。特に、論理的に考えることは、規則に従って言葉を使用することで、その結果、人間はカオス（混沌）の状態から脱却し、人間たり得たのです。

そこで、第2章では、言語について説明していきます。言語には自然言語と人工言語とがあり、それらの特徴を理解して、使いこなしていかなければなりません。

自然言語の特徴は曖昧性にあり、それゆえ、言語を論理や文脈によって一つの意味に規定していかなければなりません。そうした言葉の使い方こそ、論理的に考える第一歩となるのです。

一方、人工言語は自然言語の曖昧性を排除したところで生まれたもので、数式やコンピュータ言語、そして、専門用語なのです。現代を理解するためには、これらの人工言語の処理能力も上げていかなければいけません。

知識や常識などに頼らず、自分の頭で考えることが、これからの新しい時代に何よりも大切だと説明したけれど、そのためには言葉の使い方を知らなければならない。ただ「自分で考えろ」といったところで、いったい何をどのように考えていいのか分からないじゃないか。懸命に自分の頭で捻り出したものは単なる思いつきに過ぎなく、それはその場限りの泡沫で、それが何かをもたらすわけではない。

せ、先生、いきなり厳しいことを仰りますね。何だか私のことみたい。いつも頭の中では色々なことが浮かんでは消えていき、そこから何かが生まれたことなんてないもの。

はははは、何もハルカちゃんのことを言っているのではないよ。つまり、論理という言葉の規則、言葉の使い方を知らなければ、自分の頭で考えろといっても無理だって言いたいだけなんだ。

ああ、よかった。安心しました。

言葉を使わずに何かを考えようとしてもできなかったし、同じように言葉を使わずに何かを感じようとしても何となくしか感じることができなかったね。

はい、その状態をカオス（混沌）と先生から教えてもらいました。

うん。言葉がなければ、世界はカオスの状態のままだ。ところが、人間だけが言葉で世界を整理し、その上でものを考えている。たとえば、今日は暑いと思ったとしよう。犬や猫でも暑いと感じることができるけれど、彼らは言葉を持っていないので、それを暑いと認識できない。

暑い、寒いと認識できるのは人間だけなのですね。

その通り。実際暑いか寒いかは人によって感じ方が異なるわけだから、世界が暑いか寒いかではなく、それを人が言葉でどのように認識、整理するかに過ぎない。美味しいかまずいか、好きか嫌いか、綺麗か汚いかなど、**人間だけが言葉で世界を整理し、その上で初めて考えたり、感じたりすることができる。**

犬や猫はワンとかニャアで、威嚇したり、甘えたり、餌をねだったりと、自分の意志や感情を表現できるけど、確かに言葉で世界を整理することはできません。
あっ、先生、世界を言葉で整理できない人は感情的で、非論理的で、つまりは、犬や猫レベルってことですか？

いや、そこまで言っていないよ。でも、論理的に考える技術を習得するためには、私たちは言葉で様々な情報や自分が属している世界を整理しているということを知ることから始めなければならないんだ。

そこで一つ、ヘレンケラーの話をしようか。

ヘレンケラーをカオスから脱出させた「water」

ヘレンケラー？　見えない、聞こえない、喋れないの、三重苦の女の人のことですか？

そうだよ。ヘレンケラーは幼い時に熱病で三重苦となり、手がつけられないわがままな少女に育っていくのだが、ある時家庭教師のサリバン女史が言葉を教えたことをきっかけに、突然学問の世界に目覚め、やがては難関大学の博士号を修得する、まさに奇跡の人として、舞台や映画に何度もなった。

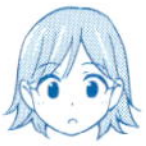

その話、聞いたことがあります。でも、どうして突然そんなに変わったのかしら。

ヘレンケラーの世界を想像してごらん。ずっと真っ暗な闇の中で生活しているんだ。

お母さんの顔も見えないのですね。

音のない世界。

わあ〜、音楽も聴けないんだ。

喋れないわけだから、もちろん言葉も分からない。

頭の中はいつもカオスです。それって大変！

たとえば、ヘレンケラーがお腹を空かせたとしよう。誰かが手を引いて、テーブルまで連れて行ってくれた。そこで、ヘレンケラーが何かを食べようと手を出したところ、目が見えないから熱いスープに指を突っ込んだとしよう。

わあ～火傷をしてしまいます。

いきなり熱かったので、ヘレンケラーは思わず叫び声を上げた。スープの皿をひっくり返し、辺りにスープが飛び散った。周りは大騒ぎだったが、ヘレンケラーの世界には何の変化もないはずだ。ただ指だけがジンジンと熱を持ったように熱い。

確かに周りがどんなに大騒ぎをしようとも、ヘレンケラーは何も見えないし、何も聞こえない、彼女の世界は変化していないわけだから、自分が人にどれだけ迷惑をかけたのか理解できない。だから、ヘレンケラーは手がつけられない少女に育っていったのね。

そうかも知れないね。サリバン女史が最初に「water」という言葉を教えたと言われているけど、実際にはいくつかの言葉をすでに知っていたらしいね。問題は「water」という言葉を知ったということではないんだ。ある瞬間、ヘレンケラーの世界が変わったということなんだ。

えっ？　どうしてですか？

本当かどうかは分からないけど、家の外にある水道の蛇口にヘレンケラーの体を押しつけて、水を思いっきり流したらしい。そして、冷たい水に濡れたヘレンケラーの手のひらに何度も何度も「water」と書いた。その瞬間、ヘレンケラーはあっと気がついたんだ。

何に気がついたの？

普段、コップに入れて飲んでいるのも、「water」。今体に当たっている冷たい液体も同じ「water」だ。

先生、やっと分かりました！　言葉で世界を整理できると気がついたのですね。「water」という言葉は抽象です。

よく分かったね。たとえば、人類が初めて「男」という言葉を使ったとしよう。それまでは「男」という言葉がなかったということは、A君、B君、C君と個々バラバラにものを見ていた。それが「男」という言葉を使ったということは、A君、B君、C君の共通点を抜き取ったということだ。

その時「男」は抽象です。これが「イコールの関係」だと、前に先生から教わりました。

そうだね。では、なぜ「男」という言葉を必要としたのかというと、それは「女」を意識したからだ。そうでないと、「人間」という言葉だけで十分だからね。

A君、B君、C君が具体だとすると、「男」は抽象、そして、「男」と「女」は対立関係です。

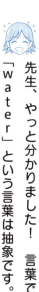

うん。つまり、**世界を「イコールの関係」「対立関係」という論理で整理した**というわけだ。

そう考えれば、論理って、決して難しいものでも特殊なものでもないのですね。だって、「男」という言葉自体がすでに「イコールの関係」「対立関係」を含んでいるのですもの。

だいぶ分かってきたね。話をヘレンケラーに戻すと、「water」という言葉で彼女の世界が変わったのだ。世界は「water」と、「not water」とに分けられる。つまり、単に言葉を一つ覚えたのではなく、言葉で世界を整理できることに気がついた。

私たちは子どもの頃そうした体験をしているはずだが、いくら言葉で世界を整理したところで、目に見える世界自体が変化したわけではない。でも、ヘレンケラーは何も見えないのだから、言葉で世界を整理するということは、彼女にとって世界そのものが変わったということだ。

カオスから脱却できたのですね。

うん。だから、ヘレンケラーは夢中になったに違いない。言葉を一つ覚えるたびに彼女の世界がより精緻なものへと変化している。それがそのまま学問の道へとつながっていく。

そう考えると、私たちも子どもの頃に奇跡を体験していたはずなのに、それを奇跡と認識していないから、いつのまにか言葉を粗雑に扱うことに慣れてしまった……。

ヘレンケラーのように、子どもの頃に自分の奇跡に気づいて、言葉で世界をより精緻に、より深く整理していたら、今頃すごい論理力のある人になっていたはずだよ。

論理力の修得は後天的。誰でも論理力を獲得できる

ハルカちゃん、このヘレンケラーのエピソード、実は大切なことが二つあるんだけど、それが何か分かるかな？

先生、私にそんなこと、聞かないでください。

一つはサリバン女史。

あっ、私たちが論理力を使えないのは、サリバン女史のような人がいないからですね。だったら、先生がサリバン女史になってください。

うん、論理を一つ一つ教えていくよ。もう一つは何か分かる？

先生、ヘレンケラーって、もともと頭が良かったんじゃないかと思います。だって、言葉を知らなかったのに、あっという間に優等生になって、博士号まで修得しちゃうんだから。

確かに一人一人異なる遺伝子を持って生まれたのだから、個人差があるのは疑いない。だけど、大切なことの二つ目は言葉が後天的だということだ。遺伝子は生まれつきのものだけど、言葉、特に**論理語の修得は学習、訓練によって修得するもの**だね。

あっ、私たちが論理力を身につけていないのは、サリバン女史もいないし、学校でそうした訓練も受けたことがないからだ。

その通り！　だから、正しい方法で一定期間論理力を鍛えると、誰でも論理力を獲得することができる。そして、実際に学習する上でも、ビジネスの上でも、本当に威力を発揮するのは、生まれながらの頭の良し悪しではなくて、論理力なんだ。

確かにそうですね。先生、何だか今すぐごくやる気がわき起こってきました。燃えてきました。先生、頑張ります。

ハルカちゃん、すごい気合いだね。後は、持続力かな。

自然言語の特徴は曖昧なところ

私たちは言葉を使って考えるのだけど、その言葉には自然言語と人工言語とがあるんだ。

自然言語と人工言語？　そんな言葉、初めて聞きました。

自然言語とは、今使っている言葉のことだよ。

日本語とか英語のことですか？　古文も自然言語かな。

そうだね。自然発生的に生まれた言語で、僕たちが日常使っているものだよ。この自然言語の大きな特徴は何かな？

う～ん、もしかすると曖昧なところですか？

正解だよ。たとえば、「桜」という言葉を例に挙げよう。ハルカちゃんが自分の家の庭に咲いた満開の桜を頭に描いて、「綺麗な桜が咲いたわ」って友だちに言ったとしよう。それに対して、友だちは公園の満開の桜を頭に描いて、「本当に綺麗な桜が咲いたね」と答えたとする。この二人の会話は一見成り立っているようで、実はすれ違っているんだ。

えええ！　だって、お互いに綺麗な桜が咲いたねって。いったいどこが成り立っていないのですか！

ハルカちゃん、そもそも桜って、何？

先生、またおかしなことを言い始めるのですね。桜って、春に咲く花のことです。

そうとも限らないよ。たとえば、舞台で、今日は観客が少ないから、桜を呼ぼうという時の「桜」は花ではない。

何だか言いくるめられそうです。

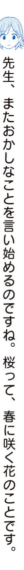

今のは極端な例だから、花に限定して話そう。桜という言葉は、実は世界中の桜的なものの共通点を抜き取った抽象概念なんだ。ハルカちゃんが見た自分の家の桜と、友だちが見た公園の桜はまったく別物なのに、同じ桜という言葉で会話をしている。

確かにそうですけど。

まだ納得していないようだから、もう少し例を挙げようか。たとえば、ハルカちゃんが鉢植えの花に毎日水をやり、ある朝ようやくその花が咲いたとしよう。それを見て感動したハルカちゃんが思わず「花が咲いた」と叫んだとしよう。でも、その「花が咲いた」という言葉は目の前の花を表しているわけではない。

えっ？

「花」という言葉は世界中の花の共通点を抜き取ったもの。「咲いた」は世界中の花の咲き方を表したもの。つまり、「花が咲いた」は世界中の花の共通するものが、世界中の花の共通の咲き方をしたということに過ぎない。それはハルカちゃんが毎日水をやり続けてやった咲いた花を意味するものではない。

そう言われてみれば、「花」も「咲いた」も抽象的な言葉なのですね。でも、どう表現すればいいのですか？

主語となる名詞も述語となる動詞も、結局は抽象概念に過ぎないんだ。それを具体的なものにするために、飾りをつけることが必要となる。「私が毎日水をやり続けた窓辺の鉢植えの花」とか、「音も立てずにふわりと咲いた」とか、**飾りをつけることで抽象概念を固定化し、生きた表現としなければならない。**

だから、小説家や詩人はいかに言葉で飾るか、表現に工夫をするのですね。

そうだよ。でも、言いたいことはやはり「花は咲いた」なので、どんなに飾りが付こうとも、一文の要点は主語の「花が」と述語の「咲いた」であることに変わりはない。

先生、だから、英語でもSVとかSVOが大切なんですね。それに不定詞や関

係詞など修飾句が付いて一文ができているんだ。

よく分かったね。そういった一文の構造が分かれば、正確な文を書くことが簡単にできるようになる。もちろん、英作文も同じだ。

私たちって、普段から日本語を使っているのに、意外とその日本語の規則を知らないものなのですね。それなのに日本語を論理的に使うなんて、とても無理でした。まずは日本語の規則を理解することから始めなければ。

正確な読解と鑑賞・評価を混同しない

さて、話を自然言語の曖昧性に戻そうか。「桜」という言葉一つとっても、それが抽象的であるがゆえに、人によって、その時の文脈によって、様々な意味に変化する。第一、言葉の感覚は一人一人異なるし、使われている状況によっては、「今日は観客が少ないから桜を呼ぼう」の「桜」になってしまう。

そう考えると、自然言語って、曖昧で不便な言葉ですね。

それがそうでもないんだ。自然言語が曖昧で、様々な意味に揺れ動くからこそ、私たちは有限な言葉であらゆるものが表現可能になったんだ。

あっ、そうか！

もし、自然言語に曖昧性がなかったなら、私たちは表現したい数だけ、言葉を習得しなければならないことになる。

そんなの絶対嫌です。そう考えると、自然言語の曖昧性に感謝です。あっ、でも、作者の感覚で書かれた文章を、読み手が自分の感覚で読んだら、色々な解釈ができてしまうのではないですか？

決して、そうとも言えないんだ。よく誤解されているけど、正確で、論理的に書かれた文章は意外に一つの解釈しかできないものなんだ。そうでないと、現代文の試験なんてそもそも成り立たない。

でも、同じ文章でも人によって受け取り方が違うと思います。

それは筆者の立てた筋道を無視して、自分勝手に読んでいるからだよ。それと、文章を理解した後に色々な感想を抱いたり、感動をしたりするけれど、もちろんそれらは人によって皆異なっている。そうした鑑賞、評価と、正確な読解とを混同してしまうと、文章を好き勝手に読んでいいという錯覚に陥ってしまうんだ。

分かりました。文章を自分勝手に読まれないように、筆者は筋道を立て、日本語の規則に従って文章を書いているのですね。

そうだよ。もう一つある。言葉は様々な意味に揺れ動いているけど、それはあくまで宙に浮いた言葉であって、その言葉が文章に入った瞬間、**前の言葉や後ろの言葉に引っ張ら**

れて、言葉は一つの意味に規定されることになる。

それが文脈なんですね。

その通り！　つまり、自然言語は曖昧だけど、そのおかげで有限な言葉であらゆるものを表現することが可能だし、その曖昧性も論理や文脈を押さえることで、正確に読み取ることができるんだ。

今までもしかしたら、自分勝手に読んでいて、作者が伝えたかったことをねじ曲げて受け取っていたのかも知れません。反省しなくちゃ。

ここで大切なことは、論理的に考えるということは、言葉をそうした規則に従って使いこなすことで、そうした規則も知らずに、自己流の、感覚的な言葉の使い方しかできなかったなら、ただ自分で考えろと言われても、結局はその場の思いつきで終わってしまうことになりかねない。

人工言語は数字や数式、コンピュータ言語や専門用語

さて、自然言語の特徴は曖昧性だと言ったが、それでは困る世界が一方ではある。

えっ？ それって、何ですか？

たとえば、算数や数学で＋や＝の意味がその時々や使い手の感覚によって変化すれば、数式そのものが成り立たない。だから、人工言語が生み出されることになる。それが数字や記号だ。

先生、算数や数学って、人工言語を使って考えたり、表現したりすることなんですね。

よく分かったね。子どもの頃から算数の計算をたっぷりやらされたところでそれが直接実社会で役立つわけではない。

はい。私は数学とはまったく無縁な世界で社会生活を送ってきました。普段はおつりの計算ができれば十分です。あんなに算数、算数って、うるさく言われたのは何だったのだろうと、今では思っています。

でも、決して無駄ではないんだよ。なぜなら、人間はあらゆるものを言語で表現し、言語で思考する。その言語には自然言語と人工言語があるのだから、子どもの頃から算数や数学によって人工言語の処理能力を高めることは重要な意味があったんだ。

実は人工言語は数式だけではないのだよ。現代においてもっとも重要なものの一つがコンピュータ言語だ。

コンピュータ言語がその時々で意味が変わったら、コンピュータはフリーズしてしまいます。

それと専門用語。専門家って、どんな人だと思う。

はい。専門知識があって、その分野に秀でた人。

専門家は知識や優秀さではなく、専門用語で書かれた文章を理解し、専門用語でものを考え、専門用語で文章を書ける人だと、僕は思う。法律用語でものを考える人が法律の専門家、医学用語でものを考える人が医学の専門家だ。そして、その専門用語も人工言語の一つだから、一つ一つの専門用語の概念規定をしっかりと理解していかなければならない。

人工言語って、数式だけかと思ったら、結構色々あるのですね。

うん。僕たちは自然言語と人工言語という、二つの言語を使ってこの世界を整理していくわけだから、人工言語の処理能力を高めることも今を生きる上で重要なことなんだ。

動物だって感情語で話している

ハルカちゃん、自然言語には感情語と論理語とがあるって、前に説明したことがあるよね？

はい。覚えています。先天的な言語で、他者意識のないのが感情語、後天的に習得する言語で、他者意識が前提なのが論理語。

おや、すごいね。よく覚えているよ。

でも、まだ何となくって感じで、本当に理解しているかと問われれば、何だか心許ないです。

うん。とても大切なことだから、もう一度丁寧に説明しよう。

はい、お願いします。

感情語とは、もともと肉体にこもった言葉なんだよ。自分の意志や感情を表現する言葉なんだが、犬や猫がワンとかニャンと鳴くのも感情語だと言える。

先生、動物でも言葉を喋るのですか？

もちろんだよ。威嚇したり、甘えたり、餌をねだったりと、立派に自分の意志や感情を表現している。でも、ワンやニャンで、世界を整理することができないから、論理語と区別をした方がいい。

確かにうちのネコも餌をねだる時、頭をすりつけてニャンと言います。あれも立派な言語なんですね。

そうだね。でも、**感情語は学習・訓練によって修得したわけではない。もともと肉体にこもっていたものを音にして表現しているだけ**なんだ。それに、他者意識もない。人間で言えば、赤ちゃんが泣くのと同じなんだ。

赤ちゃんも言語を持っているのですか？

赤ちゃんが泣くのは何も悲しいからではなくて、ミルクがほしいとか、抱っこをしてほしいとか、おしめを取りかえてほしいなどと、自分の意志や感情を表現しているのだから、立派な言語だと僕は思っている。ただし学習・訓練によって修得したものではなく、先天的な表現方法だと言えるね。

確かに犬や猫が鳴くのと同じですね。先生、赤ちゃんが他者意識を持たないって、どういうことですか？　何だかピンと来ません。

赤ちゃんは泣けば誰かが自分の不満を察して、それを解消してくれると思っている。誰も何もしてくれなかったなら、むずかるか泣き寝入りをするしかない。他者に向かって、自分の不満を説明しようとはしないから、他者意識を持っていないと言える。そこが論理語と決定的に異なる。

そうか。ただ自分の感情を音にしているだけで、それが伝わるかどうかは相手次第ってことですね。

うまいことを言うね。ただ泣くだけでは駄目で、相手にどうやれば伝わるかと考えた時、論理が生まれるとも言えるね。

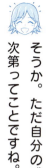

でも、感情語は赤ちゃんの言葉なので、私たち大人はそんな言葉は使いません。大人になったら、赤ちゃんのように泣くことでご飯をちょうだいなんてしないもの。

まあ赤ちゃんのように泣く大人はいないだろうけど、感情語ばかりでコミュニケーションしている大人は結構多いと思うよ。たとえば、ハルカちゃん、「ムカつく」って言葉、使わないかな。

えっ？　それって感情語なんですか？

もちろん感情語だよ。赤ちゃんが泣くのと同じで、今の人たちは「ムカつく」って泣くんだよ。だって、ムカつくって、もともと肉体から来た言葉だよね。

そう言われてみれば、そうかも。

今自分は不快である、あるいは自分に不満がある。だから、誰かそれを察して解消してほしいと思うから、「ムカつく」って言葉を吐くんだ。自分の不満を他者に向かって論理的に説明しようとするベクトルすら持たない。だから、赤ちゃんが泣くのと本質的に何ら変わることはない。

う〜ん、言われてみれば、そうかも。耳が痛いです。

もし、論理語を持っているならば、自分の不快な状況を相手に分かりやすく説明できるはずだ。さらにはどこにその原因があるのか、どうすればそれが解消できると思うのか、相手に何を期待するのかなど、論理的に話すことができる。だから、相手と話し合う余地が生まれるのだけど、一方的に「ムカつく」と言うだけでは、ただ自分の不満を吐き出しているだけで、相手も途方に暮れるだけだよ。

そう言えば、高校生の頃、私のまわりの友だち、あんまり家族と口を利かないって言っていました。どうせ話しても分かってもらえないって。

そうだろうな。赤ちゃんがむずかるのと同じで、感情語で自分の不満を発してもなかなか相手はそれを理解してはくれない。そうなると、我慢できるだけ我慢して、最後は突然キレるか、引きこもるしかなくなる。

先生、それって、何だか哀しいです。論理的に説明すれば、相手に分かってもらえるかも知れないのに、最初からそれを放棄しています。

そうだね。「ムカつく」以外にも、「ウザい」「ビミョウ」「ウケル」なども、感情語と言えるかな。

えええ！　ヤバイ！　私、感情語をたくさん使っていました。あっ、ヤバイも感情語かも。

何も感情語を使ってはいけないとまでは言っていないよ。ヤバイという言葉を使ってもいいけど、何がヤバいのか、必要な時にはそれを論理的に説明できればいいのだから。

う〜ん。でもヤバイと言ったら、きっとそれでおしまいです。逆にうまく説明

できないから、ヤバイの一言で終わらせてしまっているんだと思います。

そこが大事なところだね。つまり、何でも感情語だけで済ませてしまったら、他者意識は育たないし、ましてや論理力が鍛えられることはない。

そうか！　論理力を磨くためには、まず自分が発する言葉から見直さなければならないってことですね。反省しなくちゃ。

感情語は仲間内でしか通用しない

随分昔のことになるけど、一時ギャル語って言うのが若者たちの間で流行ったことがあるんだ。僕がそのギャル語の取材をテレビ局に頼まれたんだ。

えっ！　先生がギャル語の取材ですか？

うん。もちろんテレビニュースで放映されたよ。どうもギャル語はもともと渋谷に生息するカリスマギャルたちから全国に広がった言葉らしい。そこで、渋谷のカリスマギャルたちに集まってもらった。

何だかすごそう。

彼女たちが楽しそうに喋りだしたのだが、僕には何を言っているのか、さっぱり分からなかった。彼女たちが話す言葉はほとんど単語だけで、主語と述語のあるしっかりとした一文で話すことはまったくない。その言葉もおそらく感情語ばかりだと思う。その時初めて「アゲアゲ」という言葉を聞いた。誰かが話し出すと、一人が突然「アゲアゲ」と言う。すると、他のギャルたちも「アゲアゲね」って、具合だ。

先生の戸惑う顔が目に浮かんできました。

そこで、彼女たちに言葉の意味を聞いてみたんだ。すると、一斉に「ワカンナイ」って。

えっ？　自分たちの使っている言葉の意味が分からないのですか？

もっと突っ込んで聞くと、「雰囲気」という答えが返ってきた。お互いに何となく雰囲気で分かり合っているってことで、その雰囲気が分かるのが仲間なんだな。

まさに感情語の極地です。

僕たちが時に不快に思うのは、ギャル語が仲間たちだけに伝わる言葉だからなんだ。その集団以外の人間を排除する言葉だとも言える。

仲間内では楽しいけど、その外の人間にとっては不快ですね。

うん。**感情語ばかりだと、それを雰囲気で察することができる狭い集団を形成しがち**だ。その集団の中では言語はどんどん省略され、感覚的になる。その結果、その集団以外では居場所を持てなくなるんだ。

私の高校生時代には確かにそういったグループがたくさんありました。

ただ雰囲気だけで仲間になっているから、結局のところ孤独だし、ちょっとした感情のもつれや気まぐれから、突然仲間はずれやいじめが起こる可能性を察しているから、いつも仲間内の動向を気にしているし、自分を殺してまで仲間に合わせようとする。狭い集団の中しか居場所を持てないから、いったん排除されたらどうしていいか分からない。

だから、突然自殺する子どもとかがいるのかも。

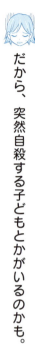

まあハルカちゃんのような社会人にはこんなことはないと思うけど、実際に論理語をうまく使えず、何でも感情語だけで表現している人は結構いると思うな。感情語はそれを雰囲気で理解する狭い集団の中で通用する言葉だから、年齢も職業も立場も価値観も異なる他者たちで形成する社会の中では当然うまく機能しない。

だから、会社に入ってもうまくやっていけない人がいるのですね。自分で考える力をつける以前に、まずは論理語の習得が大切なんだ。

そうだね。ハルカちゃん、感情語と論理語との違いは、まず他者意識があるかどうかだったよね。もう一つ、大切なことは何だったかな？

感情語は生まれつき持っている言葉なのに対して、論理語は生まれた後、学習・訓練によって初めて修得できるもの。あっ、先生、分かりました。私たちが論理語を修得していないのは、そういった学習・訓練を受けていないからです。

よく気がついたね。生まれつき頭がいいとか、頭が悪いとか人は言うけれど、言葉は生まれながら持っているものではなく、学習・訓練によって後天的に修得するものなんだ。第一、学習する上で、さらに社会生活をする上で、本当に役に立つのは生まれながらの頭の良し悪しではなく、論理的思考能力の方なんだよ。

団塊の世代と論理語

実は僕の少し上の年齢が団塊の世代なんだ。

団塊の世代って、確かデモとかをした人たちですか？

そうだね。その世代は非常に人数が多くて、競争にもまれて育った世代なんだ。彼らがやがて学生運動を始めるのだが、僕のすぐ上には彼らが大勢居座っていたわけだ。

私の会社にもいました。やたら声が大きくて、議論好きな印象があります。

うん。僕が大学に入った時は、学生運動で留年して七年生、八年生として大学に残っている人も多かった。彼らはマルクスとか吉本隆明など難解な書物を読み、難しい言葉を振り回して議論をふっかけてくる。正直、僕は苦手だったんだ。何もけんか腰で議論をしなくてもいいと思ったし、もっと分かりやすい言葉でなぜ話さないのかとも思った。先輩や書物から学んだ思想を振りかざすだけなら、思考停止状態ではないかとも思った。

議論を避ける先生の姿が目に浮かびます。

僕はどちらかというと、一人で考えるタイプだったからね。ようやく大学を辞めて予備校の講師になったら、当時の人気講師の大半がその世代の人たちだったんだ。学生運動で大学を追われたり、就職できなかったりした人たちが続々と予備校講師になっていった。その世代が圧倒的人数で、僕の前をふさいでいた。彼らは声が大きいし、デモに慣れているから、受験生をその迫力で圧倒する術に長けていた。

分かる気がします。私の会社の上司もいつも大声で熱く語っていました。先生は団塊に押さえつけられた世代だったのですね。

でも、今ではあれはあれで思考訓練としては有効だったと思えてきたんだ。まだ脳細胞の若い頃に、あえて難しい本を読んだり、背伸びをして議論をしたりすることで、それなりに論理的思考訓練になっていたのではないか、と。

そう言えば、私たち議論なんてほとんどしません。学生の頃から議論をしようとすると、ウザいって嫌がられました。

そうだろうな。子どもの頃から音楽にゲームにアニメ。難解な本を読むこともせず、議論もしない。小説を読むけど、夏目漱石ではなくライトノベル。文章はメールで、絵文字ばかり。いったいどこで論理語を修得するのかと心配になってしまうよ。

自分でも不安になってきました。今まで感情語ばかりでコミュニケーションを図り、論理語を修得する機会も持たなかったから、今の私があるのですね。先生、これって結構深刻な問題だと思います。

そうだね。僕が論理を教えようとする時、いつも障害となるのが言葉の問題なのだ。子

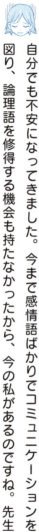

どもの頃から他者意識がなく、自分の意志や感情を一方的に放出するだけの、しかも、論理語さえ十分に身につけていない若い人たちに、どうやって論理的に考える技術を身につけさせるのか、そこか一番大きな問題だった気がする。

先生、その論理語を使えない人は、世界がカオスのままで、だから物事を整理して、考えることもできないし、人にそれを伝えることもできないのですね。

まったく論理を使えない人はいないので、そこまで極端にはならないけれど、やはり論理を自在に操る人との間では決定的な差異が生じることになる。

先生、私、実験台になります！　どうすれば論理語を自在に操ることができるようになるのですか？　早く私に教えてください。

まあそんなに焦らないこと。物事には順番があるのだから、ここではまず論理語の習得が不可欠だということを理解してくれたらいい。

はい。でも、何だか不安です。先生の話、いつも前置きが長くて、なかなか結論までたどり着かないのですもの。

いきなり結論まで行くことはできないよ。ハルカちゃんは今まで学校で「答探しの教育」を受けてきたから、先生が答えを持っていて、それをすぐに教えてくれると信じ込んでいる。それこそ思考停止状態だよ。

そうか。たったひとつの答えなんでどこにもないんですね。

その通り！　答えは自分で探さなければならない。でも、そのためには論理的に考える技術を習得する必要がある。自分で考えるための技術は教えることができる。凝り固まった既成の価値観を崩すこともできる。今までいかに思考停止状態であったかに気づかせることもできる。でも、僕ができるのはそこまでだ。

はい！

第2章のポイント

- 言葉を使わずに何かを考えようとしても何もできない状態がカオス（混沌）である。私たちは言葉で世界を整理し、カオスの状態から脱却する。
- 言語には自然言語と人工言語とがある。自然言語の特徴は曖昧性にある。私たちは論理と文脈により、あいまいな言語を固定化しなければならない。
- 人工言語には数式だけでなく、コンピュータ言語や専門用語などがある。それらは曖昧性を排除した言語である。
- 自然言語はさらに感情語と論理語とに分けられる。感情語は先天的であり、他者意識がない。それに対して、論理語は後天的、学習・訓練によって修得すべきものであり、他者意識が前提である。

第3章

世界一簡単な「論理の法則」

論理の歌を作ったよ!
ロンリ~♪ロンリ~♪
アイムロンリーガール~~~~♪
哀しい!

人はそれぞれ異なる光景を見ている

論理的思考力を鍛えるには、まず他者意識を強く持たなければなりません。特に、ネット社会では不特定多数の他者にいかに情報を発信するかが重要であり、グローバル社会に必要なものも英語力ではなく、他者を受容する論理的な力だからです。

次に論理という言葉の基本的な規則を学習しましょう。この規則は「イコールの関係」「対立関係」「因果関係」の三つです。この三つの規則さえ自在に使いこなすことができたなら、あなたは強力な論理脳を持つことができるのです。

本章ではさらに具体的に、この三つの規則の使い方を説明していきます。

さて、いよいよ論理の世界に入っていこう。

待ってました！

論理とは物事の筋道のこと。筋道を立てて考えるとか、筋道を立てて話すとか、筋の通った文章と言ったときの「筋道」だね。

ところで、どうしてこの「筋道」が必要なわけ？

はい、他者意識です。先生から教わりました。

うん。お互いに別個の人間である限り、たとえ家族であってもそう簡単には分かり合えない、こういった意識が他者意識だったね。だから、感覚は通用しない。そういった相手に伝えようとするとき、筋道を立てる、つまり、論理が必要となる。

先生、ギャル語を使っていた人たちは他者意識がないから、「雰囲気」といった感覚でしかコミュニケーションできなかったのですね。

うん。でも、彼女たちもやがて就職したり、社会に出て行かなければならなくなったりすると、ギャル語を棄てて、論理的な話し方を身につけなければならなくなる。でも、きっと苦労すると思うな。

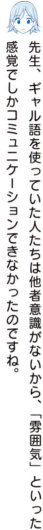

逆に言えば、他者意識を強く持てば、感覚ではなく、自然と論理的な言葉の使い方ができるのだと思います。本当に他者意識って、大切。

いいことを言うね。まず人は主観的な動物だということを自覚しなければならない。実は人はそれぞれ異なる光景を見ているんだ。

たとえば、先生と私が仲良く並んで、同じ風景を見ていたとしても、実はそれぞれが自分の網膜に映った映像を見ているのですね。

おや、前に説明したことをきちんと覚えていたね。

もちろんです。ハルカも少しは成長しました。

「見る」ことを「知覚する」というのだけど、知覚するということは、目で見て、それを脳で認識することを意味する。**脳を経過させるということは、人はみな、同じ風景を同じようには見ていない**ということに他ならない。

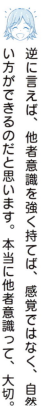

そう考えると不思議ですね。同じ女性を見ても、ある人は綺麗で素敵な人だと思うし、またある人は逆に嫌な感じと思ってしまうかも知れません。それは今まで好みは人それぞれと思っていたけど、人はすべて主観を通してものを見ていると考えれば、うまく説明できるような気がします。

そうだね。ハルカちゃんを見て、もしかすると可愛い子だと思う人がいるかもしれないし、思わない人もいるかもしれない。肉体を持ったハルカちゃんは一人であっても、それぞれの網膜に映った映像はみんな異なるからね。

先生、「もしかすると」っていう言い方、少しひどいです！　十人のうち九人はきっと私のことを可愛いと思うはずです。

それはともかく、人は実体よりも、脳が受け取る情報を元に判断する。だから、どんな人でも自分の主観を通して物事を認識するしかない。

人が主観から自由になれないのは、それだけの理由ではない。

たとえば、ある人に初対面で会ったとしよう。おそらく最初はぎこちなく接していたかも知れないけれど、だんだん慣れるに従ってしだいに親しみを感じ、多少なりとも好意を抱いたとしよう。

その人と再び会ったとき、初対面の時と印象が異なっているはずだ。なぜなら、初対面の時の印象に重ね合わせて、二回目はその人を見ているはずだからだ。

それ、分かります。最初に会ったときはあまりピンと来なかった人でも、何度も会っているうちにとても親しげに思えてきたことって、よくあるもの。

うん。つまり、過去の風景に現在の風景を重ねて、人は今の風景を作り上げているとも言える。だから、何度も会ううちに、好きな人は一層好きになるし、嫌いな人は嫌だと感じた過去の風景に重ねて、目の前のその人を見るから、「感じの悪い人だ」と思ってしまうことになる。

人は誰でも同じ風景を同じようには見ていないんだ。

人は主観的にしかものを見ることができない

先生、テレビで不細工なお笑い芸人がバラエティ番組に何度も登場するうちに、何だかとても魅力的に見えてくることがあるのですが、それも何度も過去の風景を重ねるうちに私の網膜に魅力的な映像として映るようになるからですね。

いい例だね。連続テレビドラマの主人公を好きになっていくのも同じ理屈だね。逆に、悪役を繰り返し演じている役者を見続けると、その役者を嫌いになってしまうこともあるかもしれない。

人は主観的にしかものを見ることができないんだ。だから、他者意識が必要なんですね。

その通りだ。そのことの自覚がなければ、論理的思考など不可能なんだよ。ハルカちゃん、子どもの頃、家族はみんな仲が良かった？

はい。私、小学生の頃、先生から「一番尊敬する人物は?」って聞かれたとき、思わず「両親」って答えたくらいです。でも、中学生になる頃には、あまり両親と話をしなくなりました。別に仲が悪いというわけではなかったけれど——。

それはどうしてなの?

はい。別に両親を嫌いになったとか、反発したとかではなくて、何となく話しても分かってもらえないような気がして。

それなんだよ、それ。女の子の場合は男の子よりも早熟だから、中学生の頃には自立をし始めるものだ。中学生の周りの世界と、親たちの大人の世界とはまったく別なものだから、しだいに他者意識が芽生え、どうせ親に話しても分かってもらえないと思い始める。
その時、本をたくさん読むと自然と論理力が身についていく。

先生、私、あの頃、仲のいい友だちと感情語で楽しくお話をするばかりで、本も読まなかったし、勉強もしませんでした。ああ、今なら頑張ったのに。

夫婦も同じだよ。男と女はそれぞれ別の主観で世界を見ているから、本当はそう簡単には分かり合えないものだ。でも、一緒に暮らしているから、きちんと説明しなくても分かり合えると、ずっと錯覚し合ってきていると、子どもが自立し始める頃に、ふとお互いにまったく理解し合えていなかったと気づくことがある。

あっ、今流行りの熟年離婚ですね、私の両親は大丈夫かしら。何だかとても心配になりました。

ネット社会では自分の意見を補強する情報しか目に入らない

ハルカちゃんの家族のことはともかく、お互いにそう簡単に理解できないっていう自覚から、感覚では通用しない、論理的に説明する必要があるという意識が生まれてくる。それが他者意識だ。

「頑固」って言葉があるだろ？

お年寄りに頑固な人って、多いですね。

うん、その頑固って、論理的思考からすると、最も厄介なことなんだ。つまり、自分の主観的な捉え方に頑なにこだわり、別の視点から見ると、もっと別の捉え方になるということを知らない。

頭が固いのですね。年寄りは自分の価値観にこだわり、男は男の視点でものを見るから、女の視点からどんな光景が見えているかに気づかない。

そんな男性とは付き合いたくはありません。すぐに「俺は男だから」とか、「女のくせに」という人。その前に「人間です」って、言いたくなります。

うん。もう一つ、最近気になることがあるんだ。今やネット社会で、それは同時に情報化社会と言われている。世界中の情報がスマートフォン一台あれば、瞬時に入ってくる。

本当に便利になりました。その気になれば、何でも簡単に調べることができます。

今まで新聞やテレビの情報しか手に入らなかったけど、今ならその気になれば

ネットでそれ以外の情報も手に入れることができます。

そうかな、僕は逆に、今ほど情報が手に入れにくい時代はないと思っているんだ。

ええ！　先生、また常識はずれのことを言い出す。私なんか、フェイスブックやツイッターでどんどんいろんな情報を手に入れていますよ。

それが問題なんだ。たとえば、アマゾンで本を買うと、その購入履歴が残るから、その人の好きな傾向が分かる。すると、次にアマゾンからその人が買いそうな本を勧めてくる。

あっ、それって、すごいなって、いつも思っています。私がほしそうな本がどうして分かるのかなって思ってたけど、購入履歴からきっとコンピュータが割り出すのですね。

そうだね。でも、その結果、その人の元にはいつも同じような傾向の本ばかりが届くことになりがちだ。書店に本を買いに行けば、自分が買おうと思っている本以外のものが目に入り、思わず手に取ってみることだってあるのに、ネット販売だとどうしても検索したものしか目に入らない。

私、本屋さんに行くの好きです。色々な本が並べてあって、しかも、その並べ方にも工夫があって、思わずいろんなジャンルの本を手に取ってしまいます。

それが本屋の面白いところだね。本屋の全体に目配りすれば、今世の中では何が話題になっているのかも分かるし、自分が今まで興味のなかった分野が目に入って、思わず関心を抱いてしまうこともある。でも、ネットではそうはいかない。

極端なことを言えば、右寄りの思想を持った人は右寄りの本しか読まないし、左寄りの思想を持った人は左寄りの本しか読まない。そして、本を読めば読むほど自分の思想に確信を抱き、まさに「頑固」になる。

それって、他者意識が欠けているのだと思います。右寄りの人は左寄りの、左寄りの人は右寄りの視点でものを眺めてみることも時には必要です。思想を持った人って、一見論理的に見えるけど、実は自分の頭であまり考えていないの

かもしれませんね。

それは人によるけど、やはり一つのことを様々な角度から眺める柔軟性がほしいよね。それが僕の考える論理なんだ。**本来論理力とは他者意識が前提だから、柔軟なもの**なんだけど、一般に論理のイメージは堅苦しく、理屈っぽく、何だかロボットのようなものかもしれないね。

機械やロボットって自己完結しているけど、先生の論理って、他者という生きた人間を尊重しているから、とても人間的だと思います。

だから、僕は論理とは人間に対する求愛だって、いつも言っている。ところが、今のネット社会、情報社会はどんどん非人間的なものになっているんだ。

先日、国政選挙があったけど、僕のフェイスブックやツイッターで流れる情報と、実際の選挙結果とが真逆だったので驚いたんだ。でも、よく考えてみるとそれも当然で、SNSではどうしても自分の意見に近い人が集まってくる。

右寄りの人のＳＮＳには右寄りに近い人たちが集まりやすいってわけね。

そうなんだ。今や情報化社会と言われているけど、一人一人に集まってくる情報はそれぞれ異なっている。それなのに、自分に集まってくる情報を信じ込み、別の情報を信じている人たちを非難する。彼らは自分たちこそ正しいと思い込み、同じ情報を信じている人たちと狭い集団をネット上で形成する。これって、怖いよね。

先生、中国や韓国の人たちとネット上で感情的な非難合戦をすることがあるけど、もしかすると、これも同じ理由によるものかしら？

その通りだよ。日本人は日本の教育を受け、日本寄りの情報を信じ、日本の視点からものを見ているけど、他の国の人は日本とはまったく異なる教育を受け、自分たちに集まってくる情報を信じ、その視点から日本を見ているから、お互いに議論がかみ合わないのは当然だよ。同じ人間なんだから、どちらかの国の人間が悪人だというわけではない。それぞれが受け取る情報が異なっているからなんだ。そして、今の情報化社会は人それぞれまったく異なる情報が集まってくる。

だから、世の中から戦争がなくならないのね。だって、太平洋戦争の時は、日本人とアメリカ人とでは異なる情報が与えられていたもの。

そうだね。イスラム国に参加する若者だって、きっと片寄った情報だけが自分に集まってくるから、それを正しいと思い込み、客観的に物事を眺めることができなくなってしまったのではないかな。

それって、本当に怖いです。世界中の人たちが他者意識を持ち、相手の立場からも物事を眺め、論理的思考で物事を解決しようとするなら、もう少し平和な世の中になるかもしれないのに。

そのためにも論理を普及しなければならないね。

グローバル社会で最も必要なこと

今やグローバル時代であり、これからはグローバル人材こそが必要とされるって、最近よく言われているよね。

はい。だから、英語、英語って、世の中は英語一色。私も焦ってしまって、今から英語を習わなくてはって思っています。

英語を学習することは大切だけど、グローバル＝英語ではないんだよ。

えっ！　違うんですか？

だって、アメリカでは小学生でも英語を喋るだろ。その小学生って、グローバル人材かな？

もちろん違います。あっ、そうか！　英語を喋ることができるからって、グローバルとは言えないのですね。

もしかすると、アメリカ人こそが最もグローバルから遠い人たちかも知れないね。なぜなら、世界中英語で通用すると思い込んでいるから。他の国の人たちは母国語の他に必死になって外国語を習得しようとしている。

う〜ん、私の今までの常識がぐらぐらと揺らいでいきます。

それはよかった。ものの見方に少しは柔軟性が生まれたかな。それはそうと、もし日本人がアメリカ人並みの英語力を修得しようとしたなら、膨大な時間と費用がかかることになる。それに対して、アメリカ人は最初から英語を喋ることができるのだから、日本人は大きなハンディを背負うことになるね。おそらく永遠にアメリカ人に勝てなくなるかもしれない。それを日本全体として受け入れるか否かは、議論の余地があると思うね。

先生、それは困ります。それに誰もが英語を必要としているわけではないし、

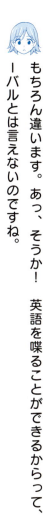

私なら、きっと英語が嫌いになってしまいます。
では、グローバル社会で必要なことって、何ですか？

ハルカちゃんはもう分かっているんじゃないかな？

はい。他者を受け入れることですね。

正解！　**民族も宗教も言語も文化も異なる強烈な他者をいかに受け入れることができるかという受容能力こそが、これからのグローバル社会において何よりも必要**になってくるんだ。

やっぱり！　ますます他者意識と論理がこれからの時代に必要になってくるんだわ。先生、私、頑張ります。

第三の文章革命が始まった

論理とは物事の筋道で、感覚では通じない他者に対して、筋道を立てる必要があるんだったね。

特に活字化された文章を読む時は、論理を意識しなければならないよ。

先生、どうして活字化された文章ですか？

日本の文章は江戸時代で大きく変わるんだ。なぜなら、活版印刷が発達したので、作者は不特定多数の読み手に対して、筋道を立てて書かなければならなくなる。だから、現代文に近い、論理的な文章が生まれてくることになるのだから、まさに文章革命が起こったんだ。

それ以前の文章は論理的ではないのですか？

「源氏物語」や「枕草子」など、作者である女房たちは主に中宮に読んでもらうために書いたのだから、不特定多数に対してではないかもしれない。それでも多くの人たちが彼女の書いたものを回し読みしただろうし、後の人たちもそれらを書き写したに違いない。だから、現代に生き残った名作はやはり論理的に書かれたものなんだよ。

そうでないと、現代人の私たちには解読不可能ですものね。つまり、論理性がある文章だけが、古典として現代に残ったんだわ。

うん。それに明治になるとさらに文章革命が起こった。

西洋の書物の翻訳ですね。

西洋の文章は非常に論理的だね。それに漢語などを当てはめて、明治の知識人たちは翻訳していくのだけど、印刷技術のさらなる発達と相まって、日本語の文章は論理性を持ったものに変わっていった。

そして、今や第三の文章革命が起こっているんだよ。

えっ？　最初が江戸時代の活版印刷で、第二が明治期。あれ？　今度は何ですか？

確かに印刷技術は発展したけれど、自分の文章が活字化されるのは記者や作家など、一部の文章のプロだけで、一般の人は特定の人に向けて手書きで文章を書いていた。ところが、今やメールやブログ、フェイスブック、ツイッター、ラインと、誰もが電子情報として文章を書く時代となった。

そうか。活字と同じで誰に読まれるか分からないから、不特定多数に向けて、論理的に書く技術を身につけなければいけないんですね。

その通りだね。「書く」という行為においても、これからは論理がますます重要になってくるんだ。

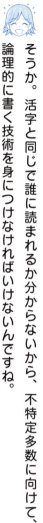

「イコールの関係」が論理の基本

さて、ここからは筋道の立て方、つまり、論理の基本を説明していく。ハルカちゃんにはすでに教えているから、復習のつもりで確認していこうね。

はい。本当に大切なことなので、もう一度きちんと整理したかったです。

論理とは筋道のことだと言ったけど、別の角度から言えば、言葉を一定の規則に従って使ったとき、初めて論理的だと言えるんだ。

その基本的な規則は、三つしかない。たった三つしかないから、逆にあらゆることに応用できるんだ。もちろん細かい規則はたくさんあるけれど、結局はこの三つの規則の応用に過ぎない。

先生、三つの規則で十分です。これを使いこなすだけでも、けっこう大変でした。でも、シンプルなほど応用が利くって、本当ですね。

そうだね。では、「イコールの関係」から行こうか。「イコールの関係」とは具体と抽象の関係だ。算数でも、「イコールの関係」を使っているよね。

たとえば、

2X＋4＝8

2X＝4

X＝2

という式があるとする。

あっ、確かに全部＝で繰り返されています。

うん、「イコールの関係」でつながっているから、論理的に正しいと言うことができる。日本語の文章ならば、筆者の主張は形を変えて繰り返されるという法則になるのかな。

本当に算数・数学と国語って、論理という点では似ていますね。あまりそんな発想したことがなかったから、何だかびっくりです。

それにXという記号は何でも入るから抽象、そして、最後はXの数値を求めるわけだから、**「イコールの関係」を使って、抽象から具体を求めるのが算数・数学**だとも言える。逆に言うと、文章題では日本語で書かれた文章から論理性を読み取って、Xなどの記号に置きかえるのだから、具体→抽象とも言えるね。

何だか数学のイメージが変わりそうです。

物理でも同じだよ。すべての物と物とが引っ張り合うというニュートンの法則が抽象、それを元に「イコールの関係」を使って、リンゴが木から落ちるとか、月の満ち欠けなど、様々な現象を説明するのだけど、これも結局、抽象→具体といった論理的関係に過ぎない。

先生、演繹法ですね。

おっ、よく覚えていたね。まず文章を読む時、あるいは書く時は、この「イコールの関係」、つまり、具体と抽象の関係を利用しなければならないんだ。

まだなんかピンと来ません。具体的にどうすればいいのですか？

まず論理的に考える技術を身につけること。すると、次に論理的に話したり、論理的に書いたりすることができるようになる。

論理的に考えるためには具体と抽象の間を繰り返さなければならない。ハルカちゃんにも分かるように、身近な例を挙げてみようか。

はい、お願いします。

では、主婦の買い物の例。

えっ？　お買い物にも論理的思考が必要なのですか？

もちろんだよ。買い物上手な主婦は論理力を持っているんだ。

先生、では、買い物のコツを教えてください。

うん。一回一回の買い物は全部異なるから、具体的行為だと言えるね。

はい、何を買うか、いつどこで買うかなど、毎回異なっていると思います。お野菜一つ買うのでも、毎回鮮度も値段も量も違っています。

でも、買い物を繰り返すうちに、主婦の脳裏には自然とそれらの具体的行為を抽象化し、やがて一定の法則ができあがってくる。生鮮はA店がいいとか、B店は安いけれど品揃えが悪いとか。この時間帯はレジが混むから避けた方がいいとか。

あっ、具体から抽象の「イコールの関係」ですね。何度買い物をしても、頭の中でそれらの行為を抽象化できない主婦は、いつまでたっても買い物上手にはなれないのですね。

まあそんな人はそれほどいないと思うけれど。要は、「イコールの関係」は日常生活の中でも絶えず活用しているということを分かってほしかっただけなんだ。

次に、買い物をするときは、すでに脳裏に作り上げられた法則を元に、生鮮食料品ならどの店に行くのか、あるいはレジが混む時間帯を避けていこうとか、自然と考えるに違いない。

今度は抽象から具体の「イコールの関係」ですね。論理って、意外と身近なものなんだ。

具体的なエピソードで主張を補強する

その通りだよ。次に「イコールの関係」を話し方や文章の書き方に応用すればいい。今自分が主張したいことをAとしようか。

論理が必要なのは、あくまで不特定多数が対象の時だったよね。

先生、どうしてですか？

だって、僕が今日ラーメンを食べるかカレーライスを食べるかは僕が決めればすむことだろ？　相手が不特定多数ならば、僕の個人的な問題なんか、どうでもいいに決まっている。

論理とは何かとか、言語の特質とか、**抽象度が高ければ高いほど、より多くの人にとって必要な情報**となる。打ち合わせや商談、会議に講演、そして、不特定多数に向けて文章を書く時こそ論理が何より重要となる。

先生、分かりました。自分がどんな男性がタイプだとか、誰とデートしたかなんて、不特定多数の人たちにとってはどうでもいいことなんですものね。一般にどんな男性と結婚したならうまくいくかとか、相手から告白させるためにはどのような手段が効果的かとか、そういった情報こそが抽象度が高くて、不特定多数の人にとって有益なものなのですね。

う～ん、間違ってはいないけど、何だかいびつな例のような気もするな。

でも、抽象と具体との間を行き来するのが「イコールの関係」でしょ？

だいぶ進歩してきたな。では、論理的に考えたことを、今度はどうやって不特定多数の人に伝えたらいいのかを考えてみよう。

はい。論理的な話し方、論理的な考え方への応用ですね。

そうだね。今、Aを主張しようとする。でも、相手は不特定多数の誰かだから、必ずしも誰もがAとは思っていないわけだ。

みんながAを思っているなら、それは常識だから、わざわざ文章に書いたりしません。

そこで、今度はAを論証しなければならなくなる。そこで、誰もが納得するような具体例を挙げなければならない。あるいは、思わずなるほどと思うようなエピソード。これらをA′とするならば、そこにはA＝A′と、「イコールの関係」が成立する。

また同じ法則が登場ってわけですね。でも、「イコールの関係」って、それだけ

普遍的だってことなんだ。

うん。多くの証拠を挙げれば挙げるほど、相手は納得するわけだから、いかに分かりやすい例を挙げるかが勝負なんだ。その時、具体例やエピソードはより具体性があるものほど効果的なんだ。

先生、どうして具体的なものが必要なのですか？

人は抽象的なものに対してはあまり反応しない。逆に、身近であればあるほど、思わずなるほどと頷いてしまう。

身につまされるって、奴ですね。

たとえば、世界のどこかで子どもが戦争や飢餓で殺されていくと言われたところで、可哀想とは思うけれど、だからといってせっぱつまった思いを抱くことは一般にはないよね。

でも、我が子が目の前で殺されかけているとなれば、命がけで助けようとするものだ。

そうか。たいていの人は自分の立場に置き替えて考えるから、抽象的なものはきっと理解しにくいんですね。

だから、相手が身近なところで思わず頷いてしまうような具体例、エピソードを考えるかが重要なんだ。最も効果的なのは一見主張Aとは何の関係もないように思える具体例、エピソード。ところが、よく考えると、なるほどAを裏付けるものだったと納得させたなら、きっと印象に残るに違いない。

先生、そんな例を挙げられたら、きっとうんうんと頷いてしまいます。それと意外性のある例や思わず吹き出してしまいそうなエピソード。そんな例が思い浮かんだら、きっと相手の心を掴んでしまいますね。

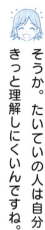

比喩も「イコールの関係」

抽象的な主張は形がなく、実感が伴いにくいものだ。「理屈は分かるけど、なんかピンと来ない」となりがちだね。そんな時は、何か身近なものにいったん置きかえてみればいい。

比喩ですね。

そうだよ。比喩は感覚的だと思われがちだけど、**たとえるものとたとえられるものとの間には「イコールの関係」が成り立っている**んだ。もちろんたとえるものに何を持ってくるかはその人の感覚だから、センスが問われるところだけど、比喩が「イコールの関係」という論理を疎かにすると独りよがりのものになってしまう。

先生、だんだん分かってきました。論理は世界共通の規則だから、規則違反をすると、どんなに鋭い感覚でも自分以外の人には伝わらないのですね。

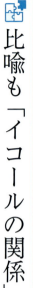

その通りだよ。では、例を挙げて説明しようか。ハルカちゃん、「君の瞳、きらきらと綺麗だね」って言われたらどう思う？

先生、いきなり口説かないでください。

いや、例を挙げているだけだよ。

ああ、びっくりした。女性ならば誰でも瞳を褒められたら嬉しいと思います。だって、瞳は心を表すって言うでしょ。それが輝いているってことは、心が汚れていなくて、しかも、生き生きしているってことだから。

では、その瞳を何にたとえる？

う～ん、難しいですね。やっぱり宝石かな。

たとえば、昔松田聖子の曲名に「瞳はダイアモンド」ってあったけど、この場合、瞳を

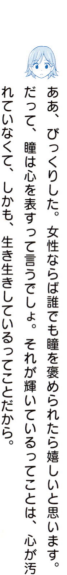

ダイアモンドにたとえたわけだ。

先生、例示が古すぎます！

まあ、それはさておいて、表現した人にとってはおそらくダイアモンドは最も美しく輝くものなんだろうね。

それに最も高価で、女性なら誰でも欲しがるものです。

「瞳」＝「ダイアモンド」と、「イコールの関係」が成り立っているんだ。

本当だ！　比喩って、論理的なんですね。

その比喩には二種類ある。「～ような」「～みたいな」と、と直接比喩ですよって明示した上で使うのが、「直喩」。「～ような」「～みたいな」を省略したのが、隠喩。メタファーとも言って、詩などの韻文では多用されるんだ。

隠された比喩ってことですね。

うん。「瞳はダイアモンド」って、どちらだと思う？

もちろん隠喩です。

では、これを直喩に直してごらん。

えええ！　いきなり問題を出さないでください。

直喩に直すのだから、「瞳はダイアモンドのように〜だ」と答えればいい。この「〜」の部分をどう考えるかだけど、この時「イコールの関係」を利用するんだ。「瞳」と「ダイアモンド」の共通点はどちらも「輝く」ものだ。「瞳はダイアモンドのように輝いている」が答え。これが直喩で、「瞳はダイアモンド」が隠喩だね。

先生、何だか頭がスッキリしました。これまで比喩も何となく使っていました

イコールの関係「比喩」

	直喩	隠喩（メタファー）
特徴	「～のような」 「～みたいな」	省略したもの
例	「リンゴのような頬」	「リンゴの頬」

〈例〉

◎隠喩の場合はいったん直喩に戻す

共通点は何かを意識して考える

けど、ものを考えたり、表現したりする時にもきちんとルールがあるんだなって分かると、頭の中が整理できた気がします。

実はそれが大切なんだ。今あえて比喩の簡単な例を挙げて説明したけど、感覚的だと思われている比喩も論理という言葉の規則に従ってできあがっているということを分かってほしかったんだ。

論理とは頭の中のカオスの状態を整理する方法だったね。その結果、頭の中がスッキリしてものを考えやすくなる。そして、整理された状態だから、人に分かりやすく伝えることができる。

頭の中で整理できてないことを人に説明することなんて不可能ですものね。

そうだよ。比喩を使う時も、「イコールの関係」が成り立っているかどうか考えてみると、その比喩が適切かどうか分かってくる。隠喩はいったん直喩に戻して考えてみる。そうやって一度基本に立ち返ってみると、だんだん表現がうまくなってくるものだ。

「対立関係」は複眼的思考

次に、論理の基本規則の二つ目、「対立関係」を説明しよう。「空と大地」「男と女」「善と悪」「神と悪魔」「好きと嫌い」――。

人は世界を「イコールの関係」と「対立関係」とで整理しているってやつですね。

うん。だから、「対立関係」は「イコールの関係」と並んで大切なものなんだ。ところで、今ハルカちゃんは「赤」という色を不特定多数の人に分かってもらおうとしたら、どうする？

そうですね。私なら「赤」「赤」「赤」と、相手が分かるまで徹底的に、目を背けたくなるまで、必死でアピールします。

ははは、ハルカちゃんらしいね。でも、今のハルカちゃんの発言、大切なことが隠されているんだ。ハルカちゃんが懸命に「赤」「赤」「赤」ってアピールするってことは、それだけ「赤」を分かってほしいという願いがあるってことだ。

筆者の主張にはそれを分かってほしいっていう願いが込められているんですね。

だから、主張しっぱなしっていう文章はあり得ない。必ずそれを論証しようとするものだ。もう一つ、ハルカちゃんに「赤」「赤」「赤」とやられると、どうも暑苦しくてかなわない。かえって拒絶反応が出てしまうかもしれない。

えええ！　それって、ひどい。私の願いが逆効果だなんて。

人はいったん頭に入れると、次に同じことを言われたら、無意識のうちに自分の意識に蓋をしてしまって、それを受け入れなくなりがちなんだ。そこで、「対立関係」を使う。

あっ、「白」ですね。

うん。白を背景にすると、赤がよりくっきりとして印象づけやすくなる。

あっ、日の丸だ。

現代について考えたければ、過去と比べてみる。日本について考えたければ、西洋と比べてみる。「対立関係」を意識すると、思考の対象がより明確になってくる。

私の美しさを印象づけたければ、誰か可愛くない女の人の横に並べばいいのですね。

う～ん、それは違うような気がするけど。でも、「対立関係」にはもう一つ、大切な効用がある。「赤」「赤」「赤」という頭の使い方って、何だか一つのことしか頭になくて、周りが見えていないような気がしないか？

何だか私が赤の布に頭から突っ込んでいく闘牛のようで、その例、何だかいやです。

まあともかく、一つのことを考えるとき、そのことだけを単独で考えるのではなく、いつも対立するものを頭に置くことが重要なんだよ。たとえば、自動車のセールスマンだって、ただ自社の製品をアピールするだけでは駄目なんだ。買い手は当然他社の自動車とどちらを購入しようかと検討しているのだから、その自動車がいかに気に入っても、その後、その買い手はきっとライバル会社の自動車を見に行くと思うよ。

たいていは後から説明を受けた方を買うと思います。

そうだよね。後の会社は当然ライバル会社の自動車を頭に置いて、自社の製品がいかに優れているか、対立関係を駆使して説明するから、当然その方が説得力を増すわけだ。

対立関係って、単純だけど、結構威力を発揮するのですね。

その通りだよ。たとえば会議の席で自分の意見を述べるときでも、たいていはそれと対立する意見があるのだから、それを頭に置いて話すべきなんだ。そうでないと、突然反対意見が提出されたとき、慌てふためく事態になってしまうかもしれない。

あっ、それも経験があります。いきなり反対されたとき、頭の中が真っ白になって、しどろもどろになってしまいました。

でも、あらかじめ反対意見を想定しておいたなら、それが出されたときも落ち着いて対処できるよね。

ああ、もっと早くそれを聞いておくべきでした。

それにものを考えるときは、一つのことをただ集中して考えると煮詰まってしまうし、思わぬ盲点に気がつかないことが多い。だから、**自分で考えるときはいつも様々な角度から検討していく必要がある。それが複眼的思考**だ。そのためにはいつも「対立関係」を想起する訓練をしておくといいね。

強力な論理パラドックス

ハルカちゃん、何かを考えようとしても、ぼんやりしたり、とりとめのないことが次々浮かんできたりしたことはない？

あっ、それ、あります！　というか、いつもです。別のことがひょいと浮かんだり、気がついたらボーッとしていたり、私って、集中力がないのでしょうか？

もちろん性格的なものや集中して考える習慣がないことにもよるが、最も大きな原因は考えるべきことに焦点が合っていないことなんだ。今Aについて考えようとしたら、Aの裏付けとなる具体例は何だろうとか、証拠となるデータを探そうとか、あるいは、何が理由だとか、頭を論理的に回転させれば、次々ととりとめのないことが浮かんだり、いつの間にかぼおっとしたりしてしまうことも少なくなるのではないかな。

先生、ということは、私はまだ論理力が欠けているってことでしょうか？

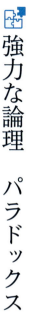

いや、ハルカちゃんと話をしている限り、かなりの進歩だと思うよ。でも、さらに磨きをかけるにこしたことはない。そのためにはもっと論理を意識すること。

はい。私の頭の中は主張だとか具体例・エピソードだとか、比喩だとか、そんな言葉がぐるぐると渦巻いています。

そのうち慣れてくるから心配いらないよ。大切なことは主張Aならそれに焦点を当てること。すると、次に何をすべきかが明確になってくる。それには「対立関係」Bを意識することも、主張Aに集中したり、それを明確にしたりするために効果的なんだ。

そうか！　対立するBを考えるということは、主張Aを意識していることでもあるんですね。先生、その「対立関係」って、色々なものがあるのですか？

そうだね。代表的なものは、「対比」だ。男と女を比べる、現代と過去を比べる、日本と西洋とを比べるなど、今まで説明してきたことだけど、実はそれ以外にも「対立関係」を利用した方法が色々あるんだ。その一つがパラドックス。

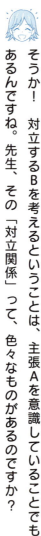

パラドックス？　どこかで聞いたことがあるけど、何だか難しそうな言葉で、ピンと来ません。

逆説ともいうんだ。接続語の逆接とはまったく異なるから、勘違いしないようにね。

先生、逆説って、どういう意味なんですか？

一般に真実と反対のことを提示し、よく考えたならそれが真実であると分からせる方法。

え？　何のことかよく分かりません。

辞書には「通常の把握に反する形で、事の真相を表そうとする言説」と書いてある。

わあ～、ますます分かんない！

難しいと思ったら、分かりやすい例を覚えればいい。たとえば、「急がば回れ」。このこ

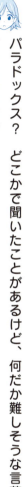

とわざは実はパラドックスなんだ。

そのことわざ、知っています。「急いでいるときは、回り道をしなさい」って、そそっかしい私には大いなる教訓です。

急いでいるときは近道をするのが、一般的には真実と考えられているね。

はい。私なんか、遅刻しそうなときは、横断報道を無視して目的地まで直線距離で走ろうとしたことがあります。あっ、これはいけないことですね。

危ないから、止めた方がいい。「急いでいるときは回り道をせよ」って言われたら、一瞬、えっ、となるだろ。

だって常識と真逆だから、「どうして？」って、思わず考えてしまいます。

この「えっ？」て一瞬考えさせることが効果的なんだ。「急いでいるときは近道をしな

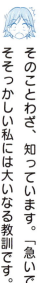

さい」って言われたら、そんなのは当たり前と思うことで終わってしまって、脳裏に何も残ることはない。

誰もが正しいと思っていることって、わざわざ人から言われる必要がないもの。子どもの頃、親から「勉強しなさい」って言われるたびに「そんなの分かっている」って、かえって反発していました。

うん。ところが、「急いでいるときは回り道をせよ」って、真逆のことを言われたら、一瞬立ち止まって考えてしまう。すると、「慌てるよりも慎重にした方がかえってうまくいく」というある種の真実が腑に落ちるんだ。

そうか。一般に正しいと思われていることと逆のことをあえて言って、実はそれがある種の真実だと思わせる方法、やっとその意味が理解できました。これって、宣伝やコピーで使えそうです。

うん。本のタイトルでもパラドックスを利用したものは結構多いよ。

「痩せたいなら食べなさい」「ブスがもてる」「なまけものが成功する」「まずい料理がごちそう」、あっ、パラドックスが次々と頭に浮かんできました。私、天才かも。

う〜ん、対立するものをただ並べ立てただけでは、パラドックスにはならないよ。それがある種の真実を表現していなければ、ね。

では、もう一つ有効な「対立関係」を紹介しよう。

譲歩＋逆接は紳士の論理

自分の主張や考えに対して、必ずそれと対立するものがあると思った方がいい。

あっ、そうか。誰もが同じ考えなら、わざわざそれを主張する必要がないものね。

そうだよ。そこであえて反対の主張を持ち出してやる。

えっ？　相手に花を持たせるのですか？

違うよ。反対意見を持ち出して、それをひっくり返すためだよ。そうすると、論理的に、自分の主張が正しいと証明されたことになる。

でも、何だか性格の悪いやり方のような気がします。相手が怒ってきたら、どうするんですか？

よくテレビの討論番組を見ていると、出席者は自分と反対の意見が出ることを待ち構えていて、即座に反論したり、それを茶化したりすることがある。その方がテレビ的には絵になるし、討論者も瞬時に自分をアピールできるから、そういった討論をできる人が次も呼んでもらいやすくなるんだ。

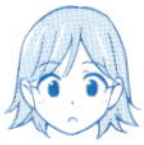

一種の討論ショーですね。

うん。でも、本物の論理を身につけた人間はもっと紳士的でなければならない。

おっ、先生、大きく出ましたね。でも、さっきあえて反対意見を持ち出して、それをひっくり返すって。

そう。だからこそ、紳士的に事を運ばなければならないんだ。そこで、相手の意見を持ち出すときに、相手に失礼にならないように、一歩譲ってみる。それを「譲歩」という。「～にも一理あるが」「～ももっともだが」といった具合かな。

否定するために持ち出した意見だから、逆に丁寧に紹介しなければならないのね。

そして、「しかし」「だが」と逆接を使って、次にやんわりと否定する。そうすると、反対意見を持つ人でも、「まあ仕方がないかな」となる。それが譲歩＋逆接という「対立関係」のパターンなんだ。

はい。私、直線的な喋り方しかできなかったので、これ、使えそうです。

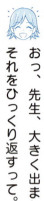

最強の弁証法

「対立関係」の最後は、弁証法だよ。止揚とかアウフヘーベンと言うこともある。

えっ！　また難しい言葉が登場しました。

もともと哲学で使われていた言葉だから、一見難しそうに思えるけど、実は単純な方法なんだ。

先生、私、単純なの、好きです。

まず対立する命題AとBがあるとする。

AとBは対立関係にあるのですね。

たとえば、護憲か改憲か、保守か革新か、対立命題を頭に置いてごらん。そのどちらかを選んだなら、二者択一。

それなら分かります。よくドラマなんかで、浮気した男の人に、女の方が私とあの女のどちらを選ぶの、ってすごんでいるシーンを見ますけど、あれが二者択一なんですね。

まあ、間違っているとは言えないけど。

先生、どちらも選べない時はどうするのですか？

二つを合わせればいい。それが平均化とか折衷案。大抵は一長一短があるから、AとBのどちらかを選べない状況にあるんだね。だから、二つ合わせれば、両者の短所もなくなる代わりに、長所も消えてしまいがちだ。悪い言葉で、妥協という。

分かりました！　男と女を会わせれば、ニューハーフ！　でも、これは妥協と

は言えないか。

ハルカちゃん、よくそんなに不思議な例が思い浮かぶね。

はい。任せておいてください。

人間って、欲深いもので、AとBをただ合わせれば平均化だけど、それぞれの短所を消し合い、それぞれの長所を生かすやり方もあるのでは、と考え出すものだ。たとえば、お互いの意見が対立したとき、どちらかを否定するのではなく、両方のいいところをとってよりすぐれた意見を作り上げる。それが弁証法なんだ。

先生、弁証法って、一番優れた発想ですね。

そのためには一段高い次元に押し上げなければならない。**弁証法とは、対立する命題をより高い次元で統一を図る発想法**だ。どうやれば高い次元に押し上げることができるのか、そこが最も難しいところで、昔から哲学者たちはそれを考えてきた。

でも、私なら色々な発想が湧いてきそうです。たとえば、男と女はそれぞれ長所と欠点があるから、お互いに欠点を補い合い、長所を生かす家庭を二人で作り上げます。先生、私、いいお嫁さんになれるかしら？

幸せをお祈りします。

因果関係と理由付け

先生、三つの基本的な論理の法則、いよいよ最後ですね。

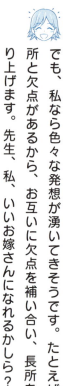

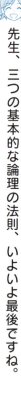

そうだね。最後は理由付けと因果関係。これは一番簡単なようで、実は一番難しいかもしれない。

先生、欧米では子どもの頃から何かを言おうとしたら、必ずその理由も付け加

えなければならないって、英語の先生から聞いたことがあります。

その通りだよ。欧米では自分の主張は相手にそう簡単に理解してもらえないことを前提に、必ずその理由も述べなければならないんだ。

日本人に比べて他者意識が発達しているのですね。日本人って、何でも言いっ放し。後は勝手に察してね、って感じですね。

逆に言うと、日本人は文脈力が発展しているから、きちんと説明してもらえなくても、何となく場の雰囲気で理解できてしまう。欧米人はくどいほど説明してもらわないと理解できない。

日本人の方が頭がいいんだ。

頭がいいかどうかは分からないけど、察する文化は狭い集団の中だったら何の問題もなかった。昔は村社会だったから、それである程度通用した。でも、今やネット社会なので、不特定多数の他者に向けて情報を発信しなければならない。さらに、グローバル社会では、強烈な他者とのコミュニケーションが大切になってくる。

誰も察してはくれません。だから、何でも理由を述べなければならないのですね。

そうだね。普段から必ず理由を同時に考える習慣をつければ、論理的な頭の使い方が鍛えられてくるよ。問題なのは因果関係だ。

原因と結果の関係ですか。歴史でもよく先生から因果関係を考えなさいって、言われました。

この因果関係が最も論理の花となるものだね。

因果関係をいつも考えることができたら、論理的な頭脳になるのですね。

では、簡単な例から紹介しようか。

A　一生懸命勉強した。だから――。とあれば、次はどうなると思う?

もちろん、成績が上がるとか、何かうまくいったに違いありません。

うん。A「一生懸命勉強した」が原因で、その結果がB「成績が上がった」だね。このAだからBが因果関係なんだ。

「だから」が因果関係を表す論理語でした。

よく覚えているね。逆に、B「成績が上がった」の理由が、A「一生懸命勉強した」となるんだ。

因果関係と理由付けって、表裏の関係ですね。

では、次に行こうか。因果関係が分かれば、どうしていいのか分かる?

う〜ん。あっ、分かりました。何かが起こったとき、その原因を突き止めれば、次に何かが起こったとき、その結果を予測したり、あるいは防止したりできます。

その通りだね。たとえば、地震や台風などの原因が分かれば、それを予測したり、被害を最小限にする対処法を講じたりすることができる。病気だって、その原因が分かれば、治療法が生み出せるかも知れない。

だから、人類はあらゆる未知なものに対して、恐怖を抱き、その原因を必死で発見しようとした。医学でも科学でもそうやって発展してきたんだ。

やっぱり因果関係って、大切ですね。今の文明を発展させてきた原動力かもしれません。

ところが、何が本当の原因なのか、それを突き止めるのはそう簡単ではないんだよ。たとえば、水俣病などの公害も何が病気の原因なのか、最初のうちはなかなか特定できずに、そのためにずっと裁判が続けられてきたんだよ。

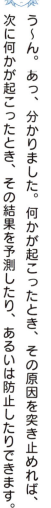

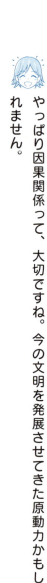

色々な原因が複雑に絡み合って、単純にAだからBとはいかないことって、世の中には色々あると思います。

そうだね。それだけでなく、因果関係を錯覚することもある。

えっ？　錯覚ですか？

お盆に水の事故が増えるのはなぜ？

一つ問題を出そうか。これは僕の「はじめての論理国語小学三年」の中で出題した問題なんだけど。

お盆の時って、水の事故が多くなるんだ。どうしてだか、その原因は分かる？

うちのおばあちゃんがよくお盆には死者の霊が帰るから、水の中から足を引っ

張るって、言っていました。だから、うちの家ではお盆には海や川、プールに泳ぎに行くことはしませんでした。

そうだね。A「お盆には死者が帰ってきて、泳いでいる人の足を引っ張る」→（だから）B「水の事故が多い」と、立派に因果関係が成り立っているね。

はい。完璧です。だから先生もお盆は家でおとなしくしておいてください。

でも、これが本当の原因かな？　他に原因は考えられない？

えっ！

お盆の時は会社はどうなる？

もちろんお休みになります。

だったら、当然行楽地に行く人は多いよね。

あっ、そうか。海や川、プールに行く人が増えるから、水の事故も増える。

ということは、お盆に死者が帰るから、水の事故が増えるかどうかは分からないよね。

先生、私、論理力、小学三年レベルかも――。

そんなに気を落とすことはないよ。大の大人だって、そういった因果の錯覚をしていることが多いんだ。だから、迷信がはびこったりする。

そうですよね。結構、因果関係を錯覚していることって、多いと思います。

うん、この問題を出したのは、因果関係がいかに大切なのかと同時に、それを特定することって、実際にはそう簡単ではないということを分かってほしかったからなんだ。絶えず因果関係を考えることで、論理脳がどんどん鍛えられてくるんだ。

論理的に考える5つのルール

1 対比

Point
比べることによって
主張したいことの論点が
はっきりと浮き彫りになる。

〈例〉 西洋 ⟷ 東洋　　空 ⟷ 大地

2 逆説（パラドックス）

〈例〉「急がば回れ」

急いでいる時ほど
慎重に行動したほうがうまくいく

Point ▶▶ 矛盾のように見えて、真実を表現している。

3 譲歩

一歩ゆずって
反対意見をとりあえず認め、
その後「しかし～」と
ゆっくり否定する

Point ▶▶「譲歩」は肯定しているように見えても
必ずその後ひっくり返されるのだと意識する。

4 弁証法

Point ▶▶ それぞれの長所を
活かし短所を補い合い
より高い次元で統一する。

【命　題】ケーキが食べたい
【反対命題】絶対太りたくない
→
【総合命題】
低糖のケーキを食べよう！

5 因果関係

〈例〉
たくさん勉強した
↓
結果　試験に合格した

Point ▶▶ 原因・理由に対して
結果があるという関係。

第3章のポイント

- 人間は主観的な動物であり、誰もが同じ風景を同じように見ているわけではない。
- 他者意識が論理的思考の前提であり、現代においては何よりも大切なものである。
- 具体と抽象の間を行き来するのが「イコールの関係」であり、私たちが日常使っている論理である。
- 比喩も感覚ではなく、そこには「イコールの関係」が成立している。
- 「対立関係」には、対比、パラドックス、譲歩＋逆接、弁証法などがあり、これらを駆使することでより論理力が強化される。
- 「因果関係」は論理的思考の中心となるものである。

第4章

ワンランクアップの「メタロジック」

ちょっと待って
ゴゴゴゴ
今論理力を高めてるから
ゴゴ
論理力ってそうやって高まるものなの!?

「メタ意識」こそ最高の論理的方法

いよいよ高度な論理的思考力の技術を紹介します。ここで必要なのは、意識の切り替えです。

私たちは自分を中心に物事を考えがちです。その結果、あらゆる情報を無意識のうちに、主観で再解釈しがちであり、しかも、その自覚がないから厄介です。

論理的思考力は主観的なものではなく、客観的なものでなければなりません。

そこで、主観と客観との区別、レトリック感覚、クローズアップとフェイドアウトなど、様々な意識変革の具体的方法を紹介していきます。

最終的には「メタ意識」を獲得するのが目的ですが、そこへの道程として、ゼロ視点や小説による視点の切り替えなど、有効な訓練方法も紹介していきます。

ハルカちゃん、ここまでよく頑張ったね。いよいよ上級レベルの技術を伝授する時が来た。

ええ！　何だかよく分からないけど、すごそうです。それはいったい何ですか？

「メタ意識」だ。この意識さえ持てば、人とは異なるもっと広い視野で世界を見ることができる。相手の気持ちも理解できるし、弁証法的な発想も湧いてくる。そして、自分の主観という狭い世界から自由になる。

また難しい言葉を持ち出してきました。そもその「メタ」って何ですか？

ああ、そうだったね。「メタ」とは「超」という意味だ。「超自我」とか「メタ認知」といった言葉がすでに学問の世界では大手を振っている。僕はその「メタ」という言葉をあえて「意識」にくっつけて、最高レベルの論理力を獲得する訓練方法を伝授しようと思う。

それはいいのですけど、結局「メタ意識」って、何なのですか？

「天の眼」を持つことだ。

ええ！　「天の眼」って、神さまになることですか？

う〜ん、少し違う気もするけど、とにかく始めようか。

主観と客観の峻別

人は自分の主観から自由になれないって、説明したよね。

はい。同じ風景でも、人それぞれ異なる風景を見ているって、教えてもらいました。

論理的にものを考えるためには、この主観と客観を明確に区別しなければならないんだ。テレビでの討論、政治家の発言、ネット上の議論を見ていても、この主観と客観をごちゃ混ぜにして話している人が多すぎる。

先生、筆者の主張は主観と客観のどちらですか？

どれほどいい意見でも、筆者の主張はあくまでその人個人の考えだから、主観に過ぎないよ。それを客観に変えなければ、議論の俎上に上がることもできない。

主観って、客観に変えることができるのですか？

もちろん、それが論理的思考なんだ。自分の主張に対して、具体例やデータを挙げることになるけど、この具体例やデータは客観的なものでないと論証したことにならない。

証拠となる例が主観的ならば、論証したことになりません。

うん。主観的な主張が論証されて初めて、客観的なものとなって、議論の俎上に載せることができるんだ。ところが、主観的な意見を、さも客観的であるかのように発言することが本当に多いんだ。そこを見抜かなければ、相手の思うつぼだよ。

あります、あります。ネット上でも客観的な意見かと思って読んでみたら、実は自分の主観であったり、まったく証拠や根拠が挙げられていなかったり、自分の価値観の押しつけに過ぎないんだなあって、思ってしまいます。

それを見抜けるようになったなら、ハルカちゃんもかなり論理力がついてきた証拠だよ。主観と客観を意識してテレビの討論番組なんか見ていると、出演者が論理的かどうか自然と分かってくるから、いい訓練になると思うよ。

そうかあ。そんな訓練方法もあったのですね。

論理的思考力を身につける有効な方法として、現代文の入試問題、特に評論問題を解いてみると、意外に効果がある。

でも、高校生の時に一生懸命問題を解いたけど、ほとんど役に立ちませんでした。

その頃は現代文が論理で解けることを知らなかったよね。

ああ、そうだったわ。確かに感覚で解いていました。

評論とは筆者が自分の主張を論理的に説明している文章。だから、筆者の立てた筋道をあるがまま追っていけばいいだけだ。それが難しいのは、無意識のうちに筆者の筋道を無視して、自分の主観を入れて読解しているからだ。

つまり、筆者の意識で文章を読んでいく。すると、**否応なく自分の主観をカッコに入れなければならなくなる**。

なるほど！　だから、自分の主観から自由になれるのですね。

うん。それだけではないよ。設問で、たとえば「最も適切なものを一つ選びなさい」ってあるよね。たいていの人は正しい答えがあると信じて、疑いもしていない。

ええええ！　正しい選択肢って、ないのですか？

どんな選択肢でも、現代文の試験の場合は所詮出題者の作文に過ぎない。だから、どれかが絶対的に正しいと言い切ることはできない。

それなら解けません。

そうでもないよ。絶対的に正しい選択肢はなくても、相対的に最も適切なものは必ずある。少なくても、出題者は正しい選択肢として一つを作文し、残りの選択肢を間違ったものとして作文している。そこには明確に出題者の意図があるわけだから、その意図を見抜くことは客観的にできるんだ。

確かに最初から悪問を作ろうと考える出題者なんていません。でも、出題者の意図を見抜くって、何だか新鮮です。

筆者の意識で文章を読み、出題者の意識で選択肢を検討するから、二重の意味で自分の主観をカッコに括ったことになる。人間はどうしても無意識に主観を入れてしまうから、時にはこのような訓練をすることが論理的思考力を獲得するためには必要なんだ。

現代文の入試問題って、偏差値を上げるためでなく、自分の意識をいったん殺すために必要だったなんて、今まで思いもしなかったです。

後から説明するけど、自分の意識をカッコに入れるから、ゼロ視点で文章に立ち向かうことになる。

離《り》見《けん》の見《けん》

ハルカちゃん、「離《り》見《けん》の見《けん》」って言葉、聞いたことがある？

いいえ、初めて聞きました。誰の言葉ですか？

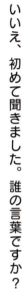

世阿弥《ぜあみ》の言葉だよ。世阿弥は能の世界の天才だったんだ。役者が舞台に立つとき、はたして自分が観客の目にどう映っているか分からない。自分が美しく振る舞っているつもりでも、観客の目には無様に映っているかもしれない。

たしかに。自分で自分の姿は見えないです。

そこで、世阿弥は自分の姿を観客の目を通して、絶えず客観的に見なさい、それができる人が名人だと言ったんだ。これが「離見の見」。

でも、舞台で演じながら、観客の目に自分の姿がどう映っているかを考えるなんて、名人でないとできません。

きっとそうだろうね。でも、世阿弥はそれだけではまだ駄目だという。なぜなら、観客の目に映っているのは自分の全身ではない。観客は自分の後ろ姿を見ることができないのだから。

では、どうすればいいのですか？

その答えとして、世阿弥は「目前心後《もくぜんしんご》」という言葉を使っている。この時の「目前」は観客の目のこと。そして、「心後」は心を後ろに置けということ。

先生、心を後ろになんて置けません。

つまり、想像力で演ずる自分の姿を補いなさい、ってことだ。観客の目を通して自分の姿を捉えると同時に、想像力でもって観客が見えない姿を捉える、そのことで初めて自分の姿を総体として捉えることができるんだ。

先生、自分の姿を自分で捉えるって、本当に大変なんですね。名人しかできないのかしら。

このことは実に大切なことを示唆している。人間の眼は顔の上についているから、自分の目の前のことしか見ることができない。それなのに自分は正しくものを見ていると思い込んでいる。

だから、人間は主観から自由になれないんだ。

よく分かったね。世阿弥は自分の姿をどうしても捉えたいと願い、目前心後という言葉を生み出した。

世阿弥が厳しい訓練をして名人になったように、私たちも厳しい訓練をしなければ自分の姿を客観的に捉えることができないのですね。

もちろんある程度の訓練は必要だけど、別に名人になるわけではない。実はこの目前心後によって世阿弥が捉えた境地が、「メタ意識」なんだ。

あっ、出ました！　最強の「メタ意識」。

自分の主観を離れて、他者意識を持つこと。そのことで、不特定多数の他者に対して論理的に説明する技術を学習したね。次に、もう一度自分の側に戻って、自分と他者とを統合するメタ意識を持つこと。一種の弁証法的な発想とも言える。そのためには視点を自在に切り替えることができなければいけない。

う〜ん、大変なことになってきました。

大丈夫。意識を変えるだけでも、今までとはまったく違う世界が見えてくるから。

遠近法

同じ対象でも、自分に近づけば近づくほど大きく見え、遠のけば遠のくほど小さく見える。

遠近法ですね。

世界のどこかで人が餓死し、また世界のどこかで戦争によって人が殺されている、あなたはこうした悲惨な問題に対して、どう考えるのですか？　何か行動を起こしたのですか？　という人がいるけど、世界中で起こっている様々な出来事すべてに関心を抱いたとしたら、おそらく精神が破綻をきたしてしまうのではないかな。

ああ、よかった。私、世界のどこかで悲惨な目に遭っている人たちのことをテレビニュースで見るたびに、何もしない自分がとても冷たい人間に思えてきて、ちょっとだけだけど、密かに心を痛めてきたんです。でも、それって、許されるのですね。

もちろん自分を犠牲にして、行動を起こしている人は本当に立派だと思う。でも、人間には遠近法という感覚が身についていて、家族や恋人など、自分に近い人であればあるほどクローズアップされ、逆に自分から遠い関係にある人ほどしだいにフェイドアウトしていくものなんだ。そうやって、精神の均衡を本能的に保っているのだから、それは仕方がないことだよ。

まず身近な人のことを考え、余裕ができれば、世界のどこかにいる人たちのことに関心を向けることにします。だから、早く結婚相手を見つけなくては。

それはともかく、現代は情報網の発達により、この遠近法に狂いが生じてしまった。世界中の情報が一人一人のパソコンに瞬間的に入ってくる。日本から遠く離れた中近東で戦争が起こったとしたなら、石油価格が高騰し、円の相場が大きく変わり、株価も変動し、世界的な不況になったり、失業者が増えたり、日用品が手に入らなくなったりと、もはや私たちにとって何が身近な出来事なのか、誰にも分からなくなった。

江戸時代の農民なら、自分の周囲の情報だけ知っていれば困ることがなかったのに、本当に大変な時代に生きていかなければならないんだわ。

そうだね。一ついい方法がある。こんな時代だからこそ、逆に遠近法を自分で自在にコントロールすればいい。世界中から押し寄せてくる膨大な情報に振り回されるから、遠近法の感覚に狂いが生じてしまうんだ。

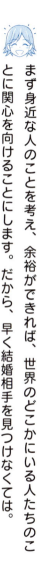

一つの出来事をクローズアップさせたり、フェイドアウトさせたりと、自分の意志で自在にコントロールしていけばいい。

えええ！　そんな便利な方法があるんですか？

もちろん、訓練しだいで十分可能だ。そして、これからの時代、論理的に考える技術にとっても必要な訓練なんだ。

クローズアップとフェイドアウト

最近のカメラやビデオは高性能になり、たいていは大きく見えるクローズアップと、小さく見えるフェイドアウトの機能がついているね。

はい。とても便利になりました。それにスマートフォンで自撮りも可能になり

ました。今度私の自撮り、先生に送って差し上げましょうか？

いや、それは遠慮しておくよ。カメラやビデオではそういった機能を使って、クローズアップ・フェイドアウトが自在にできるね。だから、人間の意識だって、そういった切り替えが可能なんだ。それができれば、メタ意識を獲得することができる。

先生、具体的にどうすればいいのですか？

では、一つ、例題を出そう。牛や豚を殺して食べるのが可哀想だから、肉を食べない人がいるけど、ハルカちゃんはそれについてどう思う？

えええ！　難しい問題です。確かに殺される動物のことを考えると、胸が痛くなってしまいます。でも、お肉大好きだから、やっぱり食べてしまいます。

それが普通だね。では、この問題をクローズアップで考えてみよう。

ええと、クローズアップって、自分の身近なところで考えるわけですね。だったら、私が飼っている猫ちゃん、あっ！　猫ちゃんを食べるなんて、絶対できません！

そうだよね。犬や猫は人間と同じ感情を持っていることは、ペットとして飼った経験がある人なら、誰でも知っているよね。彼らは人間と同じように喜んだり、おびえたり、おそらく恐怖や痛みだって人間とそう変わらないはずだよね。

でも、牛や豚はペットではなく、食肉用として飼われています。

牛や豚は犬や猫と同じほ乳類だよ。食料とは人間が勝手に決めたことで、生き物としてはペットと牛や豚は同じほ乳類だから、変わらないはずだ。それなのに、牛や豚は食料だから、彼らが殺されるといった現実を一切考えずに、毎日食べ続けても平気なのかな？

せ、先生、私、明日からお肉を食べるのを少しだけ控えます。

ははは、何も肉を食べるなと言っているわけではないよ。あくまでクローズアップの例として挙げただけだよ。食肉の問題を自分が飼っているペットに引きつけて、身近なところで考えてみたんだ。では、今度はフェイドアウトしてごらん。

フェイドアウトって、難しいです。

確かに身近なところの方が考えやすいかも知れないね。たとえば、こんな考えはできないかな。

弱肉強食の自然界で、生き物は他の生き物を命の糧とすることで、初めて生き残ることができる。それが自然の摂理であって、人間も例外ではない。たとえば、ライオンが獲物を食い殺すとき、自分の行為に対して罪悪感を抱くことはない。殺された牛や豚を可哀想と思うのは、人間の思い上がりではないか、と。

確かにそうかもしれないけど、人間だけは食物連鎖の頂点に立ち、自分が食べられるなんて考えたことがありません。

今の発想がフェイドアウトなんだよ。さらに考えてみると、何でも人間が中心だという傲慢な考えが、環境問題を引き起こしたのかも知れないね。

同じ問題でも視点を変えることによって、まったく異なって見えるものなのですね。

論理的に考えるとはこういうことなんだ。自分の視点を固定してものを見ていれば、柔軟な思考ができなくなる。そして、頑固になる。

はい。今まで自分の価値観とか常識に縛られて、ものを考えていた気がします。ハルカも少し大人になりました。

食肉を肯定するか否定するかは、視点を変えればそれぞれ自分が正しいとなる。でも、物事は善悪不二なんだ。

たとえば、僕たちは殺人を犯罪だと考えているが、戦争中多くの敵を殺した人は英雄だった。まさに視点を変えれば、同じ行為が善にも悪にもなる。戦争で恐ろしいのは、どちら側も固定化された自分たちの視点からものを見て、自分たちを正義、相手を悪と決めつける、偏狭なナショナリズムもそこから生まれる。

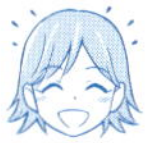

相手の立場からものを考えることができたら、もっと平和な世の中になるのかも知れませんね。

メタ意識はクローズアップとフェイドアウトと、自在に視点を切り替える方法なんだよ。

そうした柔軟な思考こそ、多極化した現代を理解するために必要なんだ。

物事の本質に迫る

高度な論理的思考には、物事の現象面にとらわれずに、その本質を掴まえるといった方法もあるんだ。

本質ですか？　何だか高尚な話になってきました。

では、問題を出そうか？

簡単なものをお願いします。

援助交際をしている女子高生に、メタ意識を使ってやめるように説得しなさい。

えええ！　それって、問題ですか？

もちろん、まじめな問題だよ。

そんなの駄目に決まっているじゃないですか！　援助交際って、言葉を変えても、売春です！　売春は法律違反です。

その通りだよね。でも、パチンコや麻雀などの賭け事をしている人も法律違反だし、二十歳になる前にお酒を飲むのも法律違反だよね。

あっ、私も大学のコンパでお酒を飲まされてしまいました。

援助交際とパチンコや未成年の飲酒、どちらも法律違反だから、同じじゃないの？

絶対違います。だって、売春ですよ。売春！　先生、援助交際に味方するんですか？

そうじゃないよ。あくまでメタ意識の練習問題だから、そんなに熱くならないで。

あっ、そうでした。

では、売春なら、どうしていけないの？

それは性が神聖だからです。両親にそう教わりました。

性が神聖かどうかは個人の価値観だろ？　援助交際をする高校生は性を神聖だと思っていないからやったのかもしれないよ。それなのにハルカちゃんの価値観を押しつけても、おそらく女子高生は納得しないんじゃないかな。

たしかにそうかも知れないけど――。

もし、性が神聖だという価値観を持っていなければ、彼女が提供しているのはサービスかもしれない。その女子高生が、「ファミレスでバイトすることとどう違うのですか？売る人間もサービスの代償としてお金をもらうわけだし、買う人間もお金と引き換えにサービスを受けるのだから、公平な商取引だと思います。それに誰にも迷惑をかけていません」と言われたら、ハルカちゃん、どう反論する？

う～ん、先生、意地悪な質問です。でも、やっぱり駄目なものは駄目です。

そうだね。僕も決していいとは思わない。第一、その女子高生本人が可哀想だ。というのも、今はたいてい貧しいからではなく、お金がほしくて仕方ないっていうのが動機であることが多い、では、なぜお金がほしいのか？

もちろん洋服やゲームや遊びにです。

うん。今や遊びは商品となってしまった。お金がなければ遊べない時代なんだ。企業は商品を大量生産するけど、そのためにはあらゆる機会を掴まえて広告をしなければならない。

子どもの頃から欲望を刺激されて育った子どもたちが、世の中に溢れかえる。欲望は満たされれば満たされるほど、よりほしくなるものだ。お金持ちほどよりお金に執着するのも同じ理由だね。

先生の子どもの頃は、鬼ごっこに隠れん坊、戦争ごっこにままごとと、お金がなくても遊べたんでしょ？　でも、今はゲームやおもちゃなど、面白いものが溢れかえっていて、お金がないと遊べません。ファッションだって、綺麗なものがお店に並んでいて、思わず全部ほしくなってしまいます。

そうだね。だから、やがて自分の欲望をコントロールできない子どもたちが生まれてくる。高校生は大金を稼ぐことができないのだけど、自分の肉体を商品として売りさばけば、手っ取り早く大きなお金を手に入れることができる。一度味を占めたら、もう自分の欲望を抑えることができなくなる。

そう考えたら、彼女たちも現代社会の犠牲者ですね。先生が可哀想と言ったのも分かる気がします。

やがて彼女たちも自分の肉体に商品価値がなくなったのに気がつく時が来る。でも、もはやほしいほしいと、すでに抑制出来なくなった自分の欲望をどうやってコントロールするのだろう。

先生、援助交際の問題って、何だか現代社会の重要な問題が露出している気がしてきました。

今僕が説明したことが唯一の正解ではないんだよ。むしろ世の中にはたった一つの正解などこにもない。今の説明は一つの見方に過ぎない。

はい。分かります。自分の視点、自分の価値観だけで物事を捉えてはいけないってことですね。

うん。だいぶ分かってきたね。ものを考えるとはそういうことなんだ。時には**現象面に捕らわれず、その背後にあるもの、あるいはその本質を捉えてみる**というのも大切なんだ。

はい、何だか賢くなった気がします。

レトリック感覚を身につける

たとえば、以前、コインの話をしたことがあるね。

はい。コインは丸いと思っているけど、それは真上から見た時のことで、水平方向から見ればコインは長方形だって。これも私たちがいかに固定化された視点からしかものを見ていないってことの証拠ですね。

うん。そこから自由になることが、論理的思考力を獲得するためには必要なことなんだ。そのためには意識的に表現を変えてやる、それがレトリック感覚なのだよ。

えっ？　わざと表現を変えるのですか？

「コインは丸い」と思い込んでいる人は、いつも物事を同じ方向から見ているから、コインが長方形だなんて、思いもよらない。同じ方向から見ると、必ずいつも死角ができて、大切なことに気がつかない。

そこで、あえて「コインは長方形」と表現を変えてみる。表現を変えるということは、同じものでも別の角度で眺めるということに他ならない。その結果、今まで見えていなかったことが見えてくる。これがレトリック感覚なんだ。

それって、他者意識に似ていると思います。

そうだね。それを獲得するためには、レトリックという表現上の技巧を訓練することが有効なんだ。

レトリックって、比喩とかの表現上の技巧ですよね？

そう。そのレトリックを単なる表現上の技巧に留まらせることなく、ものの見方、世界の捉え方を自在にするためのものとして活用することだね。

レトリック感覚を身につけるには、詩や短歌、俳句がいいのですか？

もちろんそれでもいいけど、身近なところでは、小説を読むのが有効なんだ。

小説における視点の切り替え

小説を読む時に気をつけなければならないことは、ゼロ視点で読むことなんだ。

先ほど出てきましたね！　ゼロ視点って、何ですか？

自分の主観、価値観で作品を読まないこと。特に文学作品を読む時は注意が必要だ。自分をカッコに括るためには、ある程度訓練が必要になる。

夏目漱石の「それから」という小説では、主人公の代助は親友の妻と相思相愛となり、結局その妻を奪って逃げることになる。

今なら「不倫」でおしまいですね。

それでは文学を読むことにはならない。当時は姦通罪というのがあって、不倫をするということは一生社会から葬り去られることを意味する。それを知っていながら、代助はそれでも愛の方を選択するのだ。

先生、不倫でも、視点を変えれば、命がけの純愛になるのですね。

うん。それを僕たちの価値観や現代の生活感覚で読んで、好きだ嫌いだというだけでは自分の世界を広げることができない。**いったん自分をゼロ視点において、作品を正確に、そして、深く読み込んでみる。**その後、もう一度自分に戻り、そこから初めて自分と作品との対話が始まる。

作品を読む時は、自分を無にして読まなければならないのですね。

作品を正確に読むことと、それを鑑賞、評価することは別のことなんだよ、もちろんどのように評価するかは人それぞれだけど、それ以前に自分の価値観を入れて作品を読解しない方がいい。

せっかく明治末期から大正時代に生きた代助の視点で書かれた作品なのだから、現代人である自分の視点で読んではいけないんだ。

先生、文学作品を読むことで、自分の視点から自由になり、様々に視点を変えて世界を捉えることができるんですね。何だかこれから夏目漱石を読みたくなりました。

第４章のポイント

- メタ意識とは自分の価値観にとらわれず、「天の眼」をもって、世界を俯瞰すること。
- まずは主観と客観とを峻別することから始めなければならない。
- 「離見の見」「クローズアップとフェイドアウト」「レトリック感覚」などは、視点を自在に切り替える方法である。
- 表面的な現象に捕らわれることなく、その背後にある本質に目を向けるべきである。
- 文学作品を読む時はゼロ視点で、正確に、深く読まなければならない。

第5章

論理力を獲得するための「実践的方法」

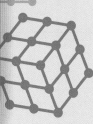

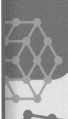

論理的に考えてパンケーキを食べます
それは論理的ではないと思う…

論理力を獲得するためには、「読む技術」から始める

いよいよ最終章。ここでは実際にどのようにしたら論理力を養成できるのか、その具体的な方法を紹介します。

「読む」「話す」「聞く」「考える」「書く」と、論理力を必要とする技術が多くありますが、大切なのは学習する順番です。

最初は「読む」から始めましょう、論理を意識して読むことで、しだいに論理を習熟することができるようになります。その上で、次は「話す」です。他者意識を持って、論理的に話す訓練をしていきましょう。

論理が自分のものとなったなら、自然と論理的に考えることができるようになります。最後は、「書く」ことです。論理的に書けるようになったら、あなたの論理的な頭脳は完成です。

いよいよ最後だね。どうすれば論理力を身につけることができるのか、その具体的な方法を教えよう。

先生、私にでもできますか？　何だか緊張してきました。

大丈夫だよ。ハルカちゃんはすでにだいぶ論理的になってきている。後はそれをブラッシュアップするだけだ。

ところで、「読む」「話す」「聞く」「考える」「書く」のうち、どこから練習を始めたらいいと思う？

う～ん、また難しい質問ですね。やっぱり「考える」かな？

論理力がなければ、論理的に考えることはできないよ。最初に始めるのは、「読む」からだ。活字化された文章は、必ず不特定多数の読者に向かって論理的に書いてあるっていったよね。

はい。そのためには自分という主観をカッコに括って、作者の立てた筋道（論理）を追っていくことでした。

そうだね。その過程で、ゼロ意識を身につけることができるし、自ずと論理的な頭の使い方ができるようになる。

あっ、そうか。習うより慣れろ、ですね。

そのためには論理を意識すること、そして、抽象と具体を意識することだったね。

はい。筆者の主張が抽象的、それを論証するのに、具体例やエピソードなど具体的なものを挙げています。

さらには「比喩」「対立関係」「因果関係」など、論理的な文章にはふんだんに出てくるから、それを意識することでしだいに論理力を獲得していくものなんだよ。

無目的に、ただ漠然と文章を読んでも効果がないのですね。でも、どんな文章を読んだらいいのですか？　それに自分が論理的に読むことができているかどうか、自信がありません。

うん。これは宣伝っぽくなるけど、本音で言うと、僕の執筆した現代文の問題集をこなしていくのが一番確実な方法なんだ。

先生、それ、もろに宣伝です。

でも、本当に効果的なんだから、仕方がないよ。まず問題集には論理的な文章が厳選されていること、次に、設問がついているから、自分が論理的に読めているかどうか、確認出来ること、その上で、解説を読み込むことによって、論理的な読み方、頭の使い方を学習できること。

確かにそうですね。

新聞の巻頭随筆や社説、あるいは、学者や評論家の寄稿した文章なんかは論理的で、適度な長さなので、論理力を鍛えるのに利用すればいい。
論理とは一定の規則に従った言葉の使い方だったね。そのためには、まず規則を理解しなければならない。さらに言葉は知っているとか、理解しているというレベルでは駄目で、習熟、つまり、身体化しなければ意味がない。

ご飯を食べる時に、お箸の持ち方を意識しないように、ですね。

うん、そのためにはとにかく論理的な文章を読んで読んで、読みまくること。

どれだけ読んだらいいのですか？

箸の持ち方でも、いったん習熟したなら、生涯体は覚えているものだよ。頭も同じで、一定期間の訓練によって習熟すれば、後は勝手にどんどん論理的になっていく。個人差があるから、一概に言えないけれど、すでに日本語を習熟しているのだから、諦めずに訓練すれば、必ず論理力を獲得できる。

そう言われると、勇気が湧いてきました。頑張ります！

うん。大切なのは持続力。根気、粘り強さ、執念。

どれも同じ意味のような気がします。

文学作品の効用　言葉で創造する

実は、文学作品を読むことも、論理的思考力を獲得するのに有効なんだ。

えっ、文学とか芸術って、論理とは真逆ではないんですか？

論理が言語の使い方である限り、文学作品を読むことはその言語処理能力を鍛えるのに最適なんだ。ただしライトノベルやエンターテインメント小説では駄目で、漱石や鷗外なんかの近代文学が頭を鍛えるのには適しているんだ。

先生、どうしてエンターテインメントでは駄目なんですか？

価値があるかどうかではなく、あくまで論理的思考力を鍛えるのに有効かどうかの話だよ。エンターテインメントは売れないと返本されてしまうから、今の人たちに受けるように、冒頭から面白く、分かりやすく書かれているね。ハルカちゃん、漱石の作品を読むのに、最初の五十ページくらいはなかなか読み進めることができないけど、途中から面白くなって、一息に読んでしまったって経験はないかな？

あります。漱石の「こころ」なんて、二回挫折したけど、三回目で途中から面白くなって、夢中で最後まで読んでしまいました。

漱石の作品が百年たってもまだ読まれ続けている理由の一つが表現の仕方なんだよ。漱石の作品は明治末期から大正の初めにかけて。ハルカちゃん、もちろんこの時代に生きたことはないよね？

当たり前です。百歳以上のおばあさんではありません。

それなのに漱石の作品を読むと、脳裏に明治末期から大正にかけての日本がありありと浮かんでくる。もちろん最初からそう簡単にはいかない。最初の五十ページくらい読むのに苦労するのは、言語から様々な情報を受け取り、その情報を元に、自分が体験したことのない時代、その頃の人間とその生活、風俗などを脳裏に浮かび上がらせなければならないからだよ。

あっ、いつの時代の人でも漱石を読めるのは、そのように表現されていたからなのですね

うん。脳裏に登場人物が動き始めたなら、面白くなってきて、一息に読んでしまう。しかし、そのためには**言語からもたらされる情報から、自分が体験したこともない世界を想像しなければならない**。そこまでが創造的行為で、まさに言語訓練として非常に有効なんだ。

では、映画やアニメでは駄目なんですね？

もちろん映画やアニメ、漫画の中にも素晴らしいものはたくさんある。でも、どんなに素晴らしいものでも、最初から完成されているから、僕たちはそれを鑑賞するしかない。つまり漱石を読んだ時の、あの言語処理の訓練が与えられないんだ。

漱石の「こころ」って、何度も映画化されているって聞いたことがあるけれど、その時代に人々がどんな環境の中でどんな生活をしていたか、登場人物がどんな容姿で、どのような表情か、どのような振る舞いをしたかは、全部完成品として与えられています。だから、言語訓練にはなりにくいのですね

その通りだよ。だから、今の若い人たちが子どもの頃から漫画、アニメ、ゲーム、ライトノベルばかりで、文学作品をあまり読まなくなったから、どこで論理的な訓練を行っているのか、心配しているんだ。

はい、私も自分を含めてとても心配です。

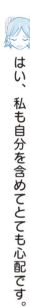

もう一つ、文学作品を読む時は、自分の主観をカッコに括って読まなければならない。明治末期から大正にかけての日本人の意識や価値観は現代とはまったく異なっているから、自分の価値観や感覚で読んでしまうと、作品を正確に鑑賞することができない。

ゼロ意識で読むのですね。

そうだよ。いったんゼロ意識になることが、メタ意識を獲得するためには必要だったね。さらに自分とは異なる登場人物の視点から作品を理解することで、他者意識や視点の切り替えの訓練にもなる。

文学作品には比喩などのレトリックもふんだんに織り込まれているから、レトリック感覚を身につける訓練にもなる。

いいことづくしですね。今まで文学作品が論理的思考力の訓練になるなんて、思いもよらなかったです。今日から、まず夏目漱石を読むことにします。ところで、先生、他にはいい訓練方法はないのですか？

接続語を塗りつぶす

論理力を短期間に集中的に鍛えることができる方法がある。接続語だよ。

接続語ですか。何だかあまり期待できなさそうです。

そうでもないよ。評論でもビジネス書でも文学作品でも、接続語を使っていない文章なんか一つもないよね。

はい。少なくても私は見たことがありません。

一文が論理的に成り立っていると同時に、文と文との間にも論理的な関係があったね。その関係を示している記号が接続語だ。

あっ、そうか。その接続語が分かれば、論理的な頭の使い方ができるようにな

るのですね。

その通り。どんな本でもいいので、好きなページをコピーして、**接続語を全部黒く塗りつぶす。そして、頭の中で接続語を補いながら読んでみる。**

分からなかったら、原典が横にあるから安心です。先生、新聞なんかでもいいのですか？

新聞は論理的に書かれた文章だし、しかも、毎日配達されてくるから、とてもお勧めだよ。一日十分ほどそうした訓練を毎朝するってのはどうかな？

毎日十分なら、私もできそうです。

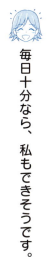

論理を鍛えることは、先人の知の泉にアクセスすること

いよいよ最後だけど、ハルカちゃんにどうしても伝えたいことがある。

えええ！　いったい何ですか？

論理を修得するということは、人類がこれまで積み重ねてきた無限とも言える豊穣な知の泉に絶えずアクセスし続けるということなんだ。

えっ？　また大きく出ましたね。

先人が考えたことが論理で表現されているからこそ、現代人である我々にも理解することができる。もちろん、論理的であれば、現代でも世界中の人に伝えることができる。それだけでなく、自分が考えたことを後の時代の人たちにも正確に伝えることができる。

確かに考えてみれば、それはすごいことですね。感覚で表現しただけなら、自分の周囲の狭い集団の人たちにしか伝わらないし、それも何となくっていう伝わり方で、正確に伝えることは不可能でした。

その通りだよ。それともう一つ。ハルカちゃん、「考える」って、どういうことだか分かる？

また唐突な質問をしないでください。

ごめんごめん。では、順番に説明しよう。実は**ものを考える人間は、先人の書いた文章を理解して、そこから刺激を受けてものを考えている**んだ。何もないところで、ただ宙を睨んでものを考える人なんてそうはいない。

哲学者も思想家も先人の書いた書物を読んで、そこから先を考えているのですね。

うん。そういった意味では「考える」という世界では、まず「読む」ということが大切で、そこから考えついたことは決して盗作でも何でもないんだ。

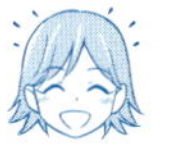

はい、分かる気がします。たとえば、ニュートンが万有引力の法則を発見したけど、後の学者はそれを基にものを考えています。それって、決して盗作ではありません。

うん。たとえば、ある人がAということを発見し、それを論理的に書き残したとしよう。人間の一生なんて短いものだから、次の人がまた一から考えていたら、人類の進歩なんてなかったはずだ。

BはAという人が考えついたところから出発するのですね。

次の人は論理的に書き残されたAを読んで、理解する。その段階で、疑問点、矛盾点があれば指摘すればいいし、納得することで実はAの正しさを検証したことになるんだ。すると、その先の一歩を考えることになる。それをBとしよう。そのBを論理的に書き残すことで、さらに次の人がそれを読むことができる。

その人はA＋Bを読んで、それを検証したことになる。そうやって、次々と後の人が論理的な文章を読み、それを検証することで、人間の知の世界が成り立ってきたんだ。

次の人はA＋B＋Cですね。何だか壮大な話です。

そうだよ。だから、論理という考える手段を獲得するということは、人類の壮大な知の泉に絶えずアクセスしていることだといったんだよ。

それが論理的に考えるということなんですね。

うん。そのためには「技術」を訓練によって身につけなければならない。

先生、今まで「考える」っていうことについて、何も知りませんでした。「考える」ことについて、何も「考えて」いませんでした、って言った方が正確かな。ただ地頭がいい人がたった一人でうんうんと一生懸命考えるって、そんなイメージしかありませんでした。だから、せっかく「話す技術」と「考える技術」

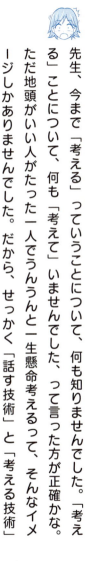

を教えてもらったのに、それを十分生かすことができなかったのですね。

そのことが分かれば、かなりの進歩だよ。これからのハルカちゃんに期待しようじゃないか。

はい。才色兼備のハルカの完成形を目指して、これからも日々精進します！

第5章のポイント

- 論理力を獲得するには、まず「読む」ことから始めること。
- 自分の主観をカッコに入れ、論理を意識して文章を読んでいくこと。
- 文学作品を読むことは言語情報によって未知の世界を脳裏に作り上げる言語訓練になる。さらには視点の切り替え、レトリック感覚など、非常に有効な訓練である。
- 接続語を塗りつぶして読むことは、論理的思考力を鍛える方法として即効性がある。
- 論理という手段を獲得することは、人類の知の泉に絶えずアクセスし続けることである。

おわりに

論理とは決して難しいものでも、修得しがたいものでもありません。

論理が規則に従った言葉の使い方であるということは、私たちに多くの大切なことを示唆してくれます。

まず論理という規則を知らなければ、何ごとも始まらないということ。あなたに論理力がないとするなら、それは頭の良し悪しではなく、単に今までその規則を知らなかっただけなのです。

言葉は生まれながらのものではなく、後天的なものであって、しかも、論理的な言葉の使い方は学習・訓練によってのみ初めて習得できるものなのです。

本書によって、論理とは何か、論理の面白さ、すごさ、そして、どうやれば論理力を身につけることができるのかが分かったなら、目の前に今までとは異なる瑞々しい世界が開かれてきます。

私は本気であなたの人生をより意義あるものに変えられると信じています。

もちろん、人生において、大切なものは論理だけではないことは十分承知です。でも、論理力が比較的簡単に習得でき、しかも、そのことがあなたの人生を大きく変えるならば、まずは論理力を獲得し、その上で、論理では解決ができない大切なことに向き合うのが、最も賢明な生き方ではないでしょうか。

たかが論理、されど論理です。

論理的な考え方を身につけ、さらに論理的な読み方、論理的な話し方、論理的な書き方を修得することで、これからの時代を生き抜く力が獲得できるのです。そのことのすごさをぜひとも体験してください。

出口　汪

■ 著者紹介

出口 汪（でぐち・ひろし）

1955年東京生まれ。関西学院大学大学院文学研究科博士課程単位取得退学。広島女学院大学客員教授、論理文章能力検定評議員、出版社「水王舎」代表取締役。現代文講師として、予備校の大教室が満員となり、受験参考書がベストセラーになるほど圧倒的な支持を得ている。また「論理力」を養成する画期的なプログラム「論理エンジン」を開発、多くの学校に採用されている。

著書に『出口汪の「最強！」の記憶術』『出口のシステム現代文』『子どもの頭がグンと良くなる！ 国語の力』『芥川・太宰に学ぶ 心をつかむ文章講座』（以上、水王舎）、『出口汪の新日本語トレーニング』（小学館）、『日本語の練習問題』（サンマーク出版）、『出口汪の「日本の名作」が面白いほどわかる』（講談社）、『ビジネスマンのための国語力トレーニング』（日経文庫）、『源氏物語が面白いほどわかる本』（KADOKAWA）、『頭がよくなる！ 大人の論理力ドリル』（フォレスト出版）、『やりなおし高校国語・教科書で論理力・読解力を鍛える』（筑摩書房）など。小説に『水月』（講談社）がある。

■ 公式ブログ
「一日生きることは、一日進歩することでありたい」
http://ameblo.jp/deguchihiroshi/

■ オフィシャルサイト
http://www.deguchi-hiroshi.com/

■ ツイッター　@deguchihiroshi

★ 出口汪の「頭が良くなる無料メルマガ」登録受付中

出口汪の「最強！」の論理的に考える技術

2016年12月15日　初版第一刷発行

著　者　　出口 汪
発行人　　出口 汪
発行所　　株式会社 水王舎
〒160-0023
東京都新宿区西新宿6-15-1
ラ・トゥール新宿511
電話 03-5909-8920

印刷所　　歩プロセス
製　本　　ナショナル製本
イラスト　　ソウ
ブックデザイン　　村橋雅之
編集協力　　土田 修
編集担当　　原田奈月

ISBN978-4-86470-066-5　C0095